뎍셩의젼

적성의전,

안평국 눈먼 왕자 검은 바다를 건너다

〈지만지한국문학〉은
한국의 고전 문학과 근현대 문학을 출간합니다.
널리 알려진 작품부터
세월의 흐름에 묻혀 이름을 빛내지 못한 작품까지
적극적으로 발굴합니다.
오랜 시간 그 작품을 연구한 전문가가
정확한 번역, 전문적인 해설, 풍부한 작가 소개, 친절한 주석을
제공합니다.

뎍셩의젼

적성의전,

안평국 눈먼 왕자 검은 바다를 건너다

작자 미상

이헌홍 옮김

대한민국, 서울, 지만지한국문학, 2026

편집자 일러두기

- 이 책은 한국학중앙연구원에 소장되어 있는 완판 74장본 《뎍셩의젼(적성의전)》을 저본으로 삼았습니다.
- 현대어역은 현대 독자가 쉽게 이해할 수 있도록 원문의 의미를 벗어나지 않는 범위 내에서 자연스럽게 윤색을 가했습니다.
- 주석과 해설은 독자의 이해를 돕기 위해 옮긴이가 작성한 것입니다.
- 원문은 저본의 표기를 그대로 따르되, 구두법과 띄어쓰기만 현대 문법에 맞게 바꾸고 판각 과정에서 잘못 새긴 것임이 분명한 몇몇 사례만 각주로 밝혀 두었습니다.

차 례

적성의전

원문

적성의전

상권

송나라 시절에 강남[1]에 안평국이라 하는 나라가 있으되 지방이 수천 리요 남북으로 대해(大海)가 둘러 있고, 옥야천리[2]에 인물이 번성하여 의관문물[3]이 중국[4]과 다름이 없더라. 국왕의 성은 적이요 명은 덕이니 적문공의 14대 손이라. 즉위 8년에 정사를 행함이 요순[5] 같은지라. 국태민안[6] 하여 산무도적[7] 하고 도불습유[8] 하여 처처[9]에 격양가[10]를 불러 태평 시절을 자랑하더라.

---

1) 강남(江南) : 중국 양자강 이남의 땅. 흔히 남쪽의 먼 지역을 일컫는다.

2) 옥야천리(沃野千里) : 한없이 넓고 기름진 땅.

3) 의관문물(衣冠文物) : 그 나라의 문화와 문명을 이르는 말.

4) 중국(中國) : 강남 등의 변두리가 아닌 중화 문명의 중심지에 있는 나라.

5) 요순(堯舜) : 중국 고대 전설상의 성스러운 임금인 요(堯)와 순(舜). 흔히 태평성대를 상징하는 성군(聖君)으로 일컬어진다.

6) 국태민안(國泰民安) : 나라가 태평하고 국민이 살기에 편안함.

7) 산무도적(山無盜賊) : 산에는 도적이 없음. 산은 외딴 곳을 말한다.

8) 도불습유(道不拾遺) : 길에 떨어진 물건을 주워 가는 사람이 없음.

9) 처처(處處) : 곳곳에.

10) 격양가(擊壤歌) : 풍년이 들어서 태평세월을 즐기며 부르는 노래.

이때 국왕이 왕비로 더불어 동주[11] 40여 년에 두 아들을 두었으되 장자의 이름은 항의요, 차자의 이름은 성의라. 위인이 정직하고 성품이 순후하매 진지[12] 관후장재라.[13] 겸하여 효성이 지극하니 왕의 부부가 매양 사랑하여 금지옥엽[14]에 장중보옥[15]같이 여기사 왈, 당시 '성의는 새 중의 봉황[16]이요 주수[17] 가운데 기린[18]이라' 하시고 장차 성의로 세자를 봉하리라 하시더라.

차시에[19] 항의 본심이 불량한 중에 그 부모 성의 사랑함을 보고 매양 시기하여 심중에 해칠 뜻을 품고 지내더라. 이때 항의는 나이 14세요, 성의는 연 12세라. 왕이 성

---

11) 동주(同住) : 부부로 함께 살다.

12) 진지 : 참으로.

13) 관후장재라 : 관후장자(寬厚長者)라. 너그럽고 후하며 점잖은 사람.

14) 금지옥엽(金枝玉葉) : 임금이나 귀한 집안의 자손.

15) 장중보옥(掌中寶玉) : 손안에 쥔 보배.

16) 봉황(鳳凰) : 상상으로 존재하는 상서로운 새. 수컷이 봉, 암컷이 황이다.

17) 주수(走獸) : 길짐승.

18) 기린(麒麟) : 성인이 세상에 나타날 전조를 상징하는 상상의 동물.

19) 차시(此時) : 이때.

의로 세자를 봉하고자 하신대, 만조제신[20]이 간[21] 왈,[22]

"대왕의 성덕이 천지에 가득하시매 세자 형제를 두어 계시니 만민의 복이요, 사직[23]의 다행이어늘 이제 전하 어찌 천명을 거슬러 바꾸려 하시니 신(臣) 등은 성심[24]의 뜻을 알지 못하리로소이다."

왕이 제신[25]의 말을 들으시고 침음양구[26]에 항의로 세자를 봉하시니라.

당년모춘[27]에 왕비 우연 득병하여 병세 점점 침중[28]하매, 궁중이 소동[29]하고 조정(朝廷)이 근심되어, 명의(名

---

20) 만조제신(滿朝諸臣) : 조정의 여러 신하.

21) 간(諫) : 윗사람이나 임금께 시정하도록 말함.

22) 왈(曰) : 아뢰되. 가로되.

23) 사직(社稷) : 국가나 조정을 이르는 말.

24) 성심(聖心) : 임금의 마음. 임금의 성스러운 뜻.

25) 제신(諸臣) : 여러 신하.

26) 침음양구(沈吟良久) : 속으로 깊이 생각한 지 매우 오랜 뒤.

27) 당년모춘(當年暮春) : 그해 늦봄.

28) 침중(沈重) : 병세가 심각해 위중하다.

29) 소동(騷動) : 사람들이 놀라거나 흥분해 시끄러이 떠들어 대는 일.

醫) 양약(良藥)으로 다스리되 반점[30] 차효[31] 없어 병세 날로 더한지라. 이때 왕이 크게 근심하사 정사(政事)를 폐하시고, 방곡[32]에 하조[33]하사 명의를 구지하시더라.[34]

차시에 성의 모후(母后) 침소(寢所)를 떠나지 아니하고 주야로 약을 맛보아 권하며, 효성으로 시위[35]하여 하늘께 축수[36] 왈(曰),

"천지일월성신은 감응하옵소서.[37] 모비(母妃)의 병세(病勢)가 진지 천명(天命)일진대, 불초자[38] 성의로 대명[39]

---

30) 반점(半點) : 아주 조금도.

31) 차효(差效) : 차도(差度). 병이 조금씩 나아 가는 정도.

32) 방곡(坊曲) : 방방곡곡. 모든 곳.

33) 하조(下詔) : 임금의 명령 문서인 조서를 내림.

34) 구지(求之)하시더라 : 구하시더라.

35) 시위(侍位) : 윗사람을 곁에서 모심.

36) 축수(祝手) : 두 손바닥을 마주 대고 빎.

37) 천지일월성신(天地日月星辰)은 감응(感應)하옵소서 : 하늘과 땅, 해와 달, 그리고 별님은 느낌을 받아 마음을 움직이소서.

38) 불초자(不肖子) : 부모에 대해 자기를 낮추어 일컫는 말. 부모를 닮지 못한 못난 자식.

39) 대명(代命) : 목숨을 대신함.

하옵시고, 모후(母后)의 명을 이어 살려 주옵소서."

하며 축수하기를 마지아니하더니, 천지 어찌 무심하리오.

일일(一日)은 한 도사 궐문 밖에 와서 납명[40]하고 왕비의 병세를 묻거늘, 차의(此意)를 고한대 왕이 들으시고 인견[41]하라 하시니, 도사 들어가 예필좌정[42] 후에 왕이 문(問) 왈(曰),

"그대 어디로부터서 이에 이르며 무슨 양약(良藥)을 가르치고자 하여 왔느뇨?"

도사 왈,

"빈도[43]는 아난존자[44]의 후예라. 일찍 듣사오니, 서해 광덕왕[45]이 하기를 '안평국 왕비 병세가 극중(極重)한지라

---

40) 납명(納名) : 본인이 왔다는 사실을 윗사람에게 알리기 위해 이름을 밝힘.

41) 인견(引見) : 윗사람이 아랫사람을 불러서 봄.

42) 예필좌정(禮畢坐定) : 인사를 끝마치고 자리를 정해 앉음.

43) 빈도(貧道) : 중이나 도사(道士)가 자기를 낮추어 일컫는 말.

44) 아난존자(阿難尊者) : 석가모니의 제자 아난다(阿難陀)를 높여 이르는 말.

45) 서해 광덕왕 : 광덕왕은 본디 동해 용왕인 오광(敖廣)을 말하는데,

만일 윤행도사[46]가 아니면 살릴 길이 없으리라' 하기로 불원천리[47]하고 왔삽거니와, 듣사오니 왕자 성의의 효성을 천지 감동하려니와, 비후[48] 병세 위중(危重)하오니 옥수(玉手)를 노끈으로 매어[49] 창밖으로 내어 보내라 하소서."

왕이 대희[50]하여 즉시 승전[51]을 명하사 차의[52]를 중전에게 고하니,[53] 성의 병석에 모셨다가 모비께 차의를 고하고, 실노로[54] 왕비의 손목을 매어 문밖으로 내어놓고 모비를 위로하더니 도인이 이르러 그 실 끝을 잡고 이윽히[55] 집맥(執脈)한 후에 물러 나와 왕께 고(告) 왈(曰),

---

판소리계 소설 등에서는 서해 용왕으로 나타나기도 함.

46) 윤행도사 : 미상. 운행도사(運行道士)로 추정.

47) 불원천리(不遠千里) : 천 리를 멀다 여기지 않음.

48) 비후(妃后) : 왕후. 왕비.

49) 옥수를 노끈으로 매어 : 진맥을 위해 가는 실로 중전의 손목을 매어.

50) 대희(大喜) : 크게 기뻐함.

51) 승전(承傳) : 임금의 명령을 전함. 그 명령을 전하는 사람.

52) 차의(此意) : 이 뜻.

53) 고하니 : '고하게 하니'의 뜻인 듯. 아뢰게 하니.

54) 실노로 : 실 노끈으로.

55) 이윽히 : 한참 만에. 얼마 있다가.

"내궁[56] 환후[57]를 집장[58]하온즉 병이 복중(腹中)에 맺혔으니 안정[59]이 희미할지라. 병세 만분 위태하오니 빈도(貧道) 아는 바, 만일 일영주를 구하지 못하오면 왕비의 귀한 명(命)을 구할 길이 없나이다."

하거늘, 왕이 문(問) 왈,

"그러하면 일영주는 어디에 있는 약이닛고?"

도사 대(對) 왈(曰),[60]

"서천서역국[61] 청룡사에 있사오나 적성의가 아니면 얻지 못하오리다."

하고 팔을 들어 읍[62]하고 계하[63]에 내려가더니 두어

---

56) 내궁(內宮) : 왕비.

57) 환후(患候) : 웃어른의 병을 높여 이르는 말.

58) 집장(執掌) : 손목을 잡고 맥을 짚음. 진맥(診脈).

59) 안정(眼睛) : 눈동자.

60) 대(對) 왈(曰) : 대답해 아뢰기를.

61) 서천서역국(西天西域國) : 서쪽 하늘 끝에 있는 서역국. '서역'은 인도의 옛 호칭이다.

62) 읍(揖) : 인사하는 예의 하나. 포개어 잡은 두 손을 얼굴 앞으로 들고 허리를 앞으로 공손히 구부렸다 펴면서 내린다.

63) 계하(階下) : 섬돌의 아래. 층계 아래.

걸음에 문득 간 데가 없는지라.

성의 크게 신기히 여겨 중천[64]을 향하여 배사[65]하고, 부왕께 고(告) 왈(曰),[66]

"소자 비록 연소(年少)하오나 서천에 가서 일영주를 얻어 올까 하나이다."

왕(王) 왈(曰),

"네 효성이 지극하나 서천은 하늘가[67]이라. 만경창파[68]에 선척[69]을 타고 지행[70]을 어찌 알아 득달[71]하며, 또 약수[72] 3천 리가 있으니 '나는 새 짐승의 깃도 가라앉는다' 하거늘 어찌 약수를 건네리오. 가장 오활[73]한 말을 말라."

---

64) 중천(中天) : 높은 하늘. 허공.

65) 배사(拜謝) : 절로써 감사의 마음을 표함. 삼가 사례함.

66) 고(告) 왈(曰) : 아뢰어 말하기를. 고하여 아뢰기를.

67) 하늘가 : 하늘 끝.

68) 만경창파(萬頃蒼波) : 만 이랑의 푸른 물결. 한없이 넓은 바다.

69) 선척(船隻) : 배.

70) 지행 : 지행(至行). 또는 지향(指向, 나아가는 곳).

71) 득달(得達) : 목적한 곳에 다다름.

72) 약수(弱水) : 신선이 산다는 중국 서쪽의 전설적인 강. 길이가 3천 리나 되며, 부력이 매우 약해 기러기의 털도 가라앉는다고 전한다.

하시고, 내전에 들어가 도사의 하던 말을 전한대, 왕비 대(對) 왈(曰),

"허탄한[74] 도사의 말을 듣고 지원한[75] 서역을 어찌 가리오. 인명(人命)이 재천(在天) 하니 과도히 근심치 말라. 일영주 어찌 사람을 살리리오. 아해[76]는 망령(妄靈)된 의사를 두지 말라."

하시니 성의 여쭈오되,

"옛적에 태향산[77] 운림처사는 일광노[78]의 명을 받아 향산에 가 약을 얻어 한 헌제의 장평 공주의 명(命)을 구하였으니, 도사의 말이 비록 허망하다 하오나 소자 이제 신통[79]을 얻었사오니 결단코 가서 약을 얻어다가 모후의 환

---

73) 오활(迂闊) : 실제와는 관련이 멂. 혹은 사정에 어두움.

74) 허탄(虛誕)한 : 거짓되고 미덥지 않은.

75) 지원(至遠)한 : 지극히 먼.

76) 아해(兒孩) : 아이. 어린이.

77) 태향산 : 태항산(太行山)으로 추정. 태항산은 중국의 그랜드캐니언이라 불릴 정도로 험준하고 경치 좋은 산이다.

78) 일광노(日光老) : 약사불을 보좌하는 일광보살로부터 유래한 인물로 추정. 선경으로 가는 길을 안내하는 등의 역할을 담당한다.

79) 신통(神通) : 신과 통함. 부처의 제자로부터 들은 정보.

후(患候)를 구하옵고, 소자의 불효를 만분지일이나 면할까 하나이다."

왕비 옥수(玉手)로 성의를 어루만지며 왈,

"석일[80] 진시황의 위엄으로도 서역을 건네들 못하였거늘, 네 이제 가려 하니 효성이 지극한지라. 지성(至誠)이면 감천(感天)이라. 요행으로 약을 얻어 온들 내 어찌 차도를 바라리오? 너를 보내고 병중에 심려(心慮)되리로다."

하시니 성의 재배(再拜) 왈(曰),

"모후는 과도히 싫어 마소서 소자 왕환[81]이 오래지 아니하리니 그간 보중(保重)하소서."

하고 즉시 선척(船隻)을 준비하여 격군[82] 10여 명을 데리고 떠날새, 부왕(父王)과 모후(母后)께 하직을 고한대, 왕비 왈,

"너의 지성(至誠)을 막지 못하거니와, 주야의 의문지망[83]을 어찌하리오? 다만 천우신조[84]하심으로 무사히 돌

80) 석일(昔日) : 옛날.

81) 왕환(往還) : 다녀오는 일. 갔다 오는 일.

82) 격군(格軍) : 사공의 일을 돕는 수부(水夫).

83) 의문지망(倚門之望) : 어머니가 자녀 돌아오기를 기다리며 늘 문에

아옴을 바라거니와, 불행하여 지하에 돌아간들 눈을 감지 못하리로다."

하시고 눈물을 흘리시거늘, 성의 재삼(再三) 위로하고 인하여 발행[85]할새, 동문으로 나와 배를 타니 동남으로 순풍이 일어나 배 빠르기 살 같은지라. 행선[86]한 지 7일 만에 대풍(大風) 일어나 파두[87]가 요란하더니, 순식간에 한 섬을 다다라 배를 매고 하늘을 우러러 탄식 왈,

"여차(如此) 풍파(風波)나 이 몸은 두렵지 아니하여도 이제는 모비(母妃)의 존망을 알지 못하리로다. 유유(悠悠)한 창천(蒼天)[88]은 성의의 미성[89]을 도우사 서역을 수이[90] 가게 하옵소서."

기대어 바라보는 일.

84) 천우신조(天佑神助) : 하늘과 신령의 도움.

85) 발행(發行) : 출발함. 나아감.

86) 행선(行船) : 배를 타고 나아감. 배를 띄움.

87) 파두(波頭) : 물마루. 파도(波濤)로 읽을 수도 있을 듯하다.

88) 유유한 창천 : 유유창천(悠悠蒼天). 끝없이 멀고 푸른 하늘.

89) 미성(微誠) : 조그마한 정성이라는 뜻으로, 자기의 정성을 남에게 겸손하게 이르는 말.

90) 수이 : 쉬이. 쉽게.

하고 축수하기를 마지아니하더라.

성의 사공더러 문(問) 왈,

"예서 서역(西域)이 얼마나 남았으리오?"

사공이 대(對) 왈,

"이 땅은 서해이오니 수천 리만 가오면 염조섬[91]이 있삽고, 그 섬에서 수천 리를 가면 영보산[92]이 보이나이다."

성의 탄(嘆) 왈,[93]

"망망창해[94]에 동서를 분별하나, 언제나 득달(得達)하리오?"

사공 왈(曰),

"이곳은 소상강[95]이라. 사면에 산이 없거니와, 약수는 하늘가이오니 1년을 간들 어찌 가오리까? 헤아리건대 양진[96]을 보오면 서천을 바라보오리다."

---

91) 염조섬 : 염부주를 연상한 땅인 듯. 염라대왕이 다스린다는 곳.

92) 영보산 : 미상. 상상으로 전해오는 산인 듯.

93) 탄(嘆) 왈 : 탄식하여 이르기를.

94) 망망창해(茫茫滄海) : 한없이 멀고 넓은 바다.

95) 소상강(瀟湘江) : 소수(瀟水)와 상수(湘水). 상수는 호남성의 동정호로 빠지고, 소수는 그 지류다. 경치가 매우 좋아 소상팔경(瀟湘八景)이라는 이름이 있다.

즉시 행선(行船)하여 한 곳에 다다르니 홀연(忽然) 풍랑이 일어나며, 우레 같은 소리 나며 바다가 뒤눕는 듯하거늘 주중지인(舟中之人)이 정신을 수습치 못하여 어찌할 줄 모르더니, 이름 모르는 짐승이 해중으로조차[97] 오며 입으로 물을 토하니, 파두 흉흉[98]하며 배를 요동하니 선인 등이 혼비백산[99]하여 황황[100]하거늘, 성의 앙천축수[101] 왈,

"소자는 안평국 왕자 적성의이러니, 모친의 환후 위중하와 서천에 들어가 일영주를 구하려 하오니, 복원[102] 천지신명(天地神明)과 서해 용왕은 소자의 절박한 사정을 살피사, 서역에 득달(得達)하여 약을 얻어 가게 하소서."

그 짐승이 문득 간데없고, 물결이 고요하며 천지 명랑(明朗)하더니. 일위[103] 선관[104]이 편주[105]를 타고 봉미

---

96) 양진(陽辰) : 해와 별.

97) 해중으로조차 : 해중으로부터.

98) 흉흉(洶洶) : 어지럽게 일어나서 세참.

99) 혼비백산(魂飛魄散) : 몹시 놀라 혼이 나고 넋을 잃음.

100) 황황(遑遑) : 갈팡질팡 어쩔 줄 모르게 급함.

101) 앙천축수(仰天祝手) : 하늘을 우러러보며 손바닥을 모아 빎.

102) 복원(伏願) : 엎드려 원하노니. 엎드려 비옵나니.

선[106]을 들어 일광을 가리고, 청의동자(靑衣童子)는 선두(船頭)에 서서 옥저[107]를 불고, 뒤로 또 한 선관(仙官)이 사자를 타고 백우선[108]을 쥐고 나는 듯이 지나며 한 곡조를 읊으니, 그 곡조에 하였으되,

태황산[109] 높은 봉은 하늘에 닿았고
약수 얕은 물은 날짐승의 깃을 잠그는도다.
망령(妄靈)된 저 아이는 일엽주[110]를 네가 타고 어디로 향할꼬?

하거늘, 성의 자연 슬프고 깨달아 외쳐 왈,

---

103) 일위(一位) : 한 분. 한 사람.

104) 선관(仙官) : 신선 세계에 산다는 관원.

105) 편주(片舟) : 작은 배.

106) 봉미선(鳳尾扇) : 봉황새의 꽁지 모양으로 만든 부채.

107) 옥저(玉笛) : 옥으로 만든 피리.

108) 백우선(白羽扇) : 새의 흰 깃으로 만든 부채.

109) 태황산 : 태항산(太行山)을 말함인 듯. 태항산은 중국의 그랜드캐년이라 불릴 정도로 웅대한 볼거리를 지닌 산.

110) 일엽주(一葉舟) : 일엽편주. 하나의 작은 조각배.

"수상(水上) 선관(仙官)은 길 잃은 사람을 구하소서."

하니 그 선관이 청이불문111)하고 가거늘, 성의 탄(嘆) 왈,

"수상(水上)에 선관이 왕래하니 선경(仙境)이 불원(不遠)하나, 뉘를 보고 물어보며, 어디로 행(行)하리오?"

하며 앙천(仰天) 탄(嘆) 왈,

"불효자 성의 모후 병세 침중함으로 인하여 서역으로 일영주를 구하러 가오니 천지신명(天地神明)은 감동하사 일영주를 얻게 하옵소서."

빌기를 마치매 문득 운무(雲霧) 중으로서 향내 나며 탄금지성112)이 나거늘, 성의 눈을 들어 살펴보니 청포(靑布) 선관(仙官)이 파초 잎을 타고 거문고를 희롱하며, 또 한 선관은 고래를 타고 흑건(黑巾)을 쓰고 풍월을 읊으며, 고래 탄 선관이 문(問) 왈(曰),

"네 어떤 속객(俗客)이관대 인간 배를 타고 어디로 가난다?"

성의 대(對) 왈,

---

111) 청이불문(聽而不聞) : 듣고도 못 들은 체함.

112) 탄금지성(彈琴之聲) : 거문고나 가야금을 타는 소리.

"소자는 안평국 왕자이옵더니 모후의 병이 위중하옵더니, 천행으로 도인의 가르치심을 듣삽고 서천[113]으로 일영주를 구하러 가오니, 바라건대 선관은 길을 가르치소서."

하며 지성으로 애걸하니 선관이 왈,

"나는 봉래, 방장, 영주[114]를 다 구경하였으되 서천(西天)을 보지 못하였거든, 너 같은 어린아이 속객(俗客)이 어찌 약수를 건네리오. 바삐 돌아가 너의 부모 얼굴이나 다시 봄이 옳을까 하노라."

성의 다시 재배(再拜) 왈,

"소자 모친을 위하여 죽기가 원이옵거니와, 해중(海中) 표류 80일에 종시[115] 서천을 보지 못하고 죽사오면, 무슨 면목으로 지하에 돌아간들 부모를 뵈오리까? 바라건대, 복원 선관은 하해지은[116]을 베푸사 약을 얻어 돌아가게

---

113) 서천(西天) : 서역(西域)인 듯. '서천'은 중국인이 그들의 서쪽 지역을 일컫는 말로, 돈황 · 터키 · 인도 등 여러 지역을 두루 지칭한다.

114) 봉래(蓬萊) · 방장(方丈) · 영주(瀛州) : 삼신산(三神山)이라 불리는 장생불사의 가상적 선경.

115) 종시(終是) : 끝내. 종내(終乃).

116) 하해지은(河海之恩) : 바다와 같이 크고 넓은 은혜.

하소서."

하니 파초 선관이 탄금을[117] 물리치고 왈,

"너의 정성이 지극하도다. 나이 몇 살이뇨?"

성의 대(對) 왈,

"12세로소이다."

선관이 소(笑) 왈(曰),[118]

"먼저 가던 선관을 보았느냐?"

성의 대(對) 왈,

"여러 선관이 지나가시되 본 체도 아니 하더이다."

하며 왈,

"이제야 어진 선관을 뵈었나이다. 소자의 소원을 이루게 하여 주옵소서."

하니 선관이 왈,

"연소척동[119]이 자모(慈母)를 위하여 누만 리 험로(險路)에 천신만고[120]하여 왔으니 네 효성을 족히 하늘이 감

---

117) 탄금(彈琴)을 : 거문고 타던 것을.

118) 소(笑) 왈(曰) : 웃으며 이르기를.

119) 연소척동(年少尺童) : 나이 어리고 작은 아이.

120) 천신만고(千辛萬苦) : 온갖 어려움을 겪으며 심하게 고생함.

동하실지라. 내 어찌 구치[121] 아니하리오. 다만 속객(俗客)은 약수를 건네지 못하나니 선인 등과 배를 이 수변[122]에 머무르고 너만 파초선에 오르라."

하거늘, 성의 즉시 수변에 배를 매고, 사공을 천만 당부하고 선관을 따라갈새, 선관이 부적을 주며 왈,

"이 부적을 몸에 지니면 해중(海中) 귀신이 범치 못하느니라."

하고 거문고를 타며 표연히[123] 가거늘, 성의 십분 환희(歡喜)하여 가더니, 순식간에 한 곳에 다다르니 이곳은 서천이라.

선관이 왈,

"동문으로 들어가 금불보탑[124]을 찾아 존자[125]를 뵈와 지성으로 약을 구하라."

---

121) 구치 : 구하지.

122) 수변(水邊) : 물가.

123) 표연(飄然)히 : 훌쩍 나타나거나 떠나가는 모양.

124) 금불보탑(金佛寶塔) : 금으로 만든 불상과 귀한 보배로 장식한 탑이라는 뜻으로, 절에 있는 불상과 탑을 높이 이르는 말. '보탑'은 다보여래(多寶如來)를 안치한 탑이라는 뜻도 있다.

125) 존자(尊者) : 학문과 덕행이 높은 불타(佛陀)의 제자.

성의 복지(伏地) 대(對) 왈,

"약을 얻사온들 어찌 이곳을 찾아오며, 선관이 아니 계시면 어찌하오리까?"

선관 왈,

"그는 염려 말고 정성으로 약을 구하라. 나는 봉래산 자각봉[126]의 적송자,[127] 왕자진,[128] 엄군평,[129] 두목지[130]로 기약하였기로 잠깐 다녀가서 일광노 선생을 뵈옵고, 3일 만에 돌아와 이곳에 와 기다릴 것이니 의심치 말라."

---

126) 자각봉(紫閣峯) : 신선(神仙), 도인(道人), 은사(隱士)가 머무는 산봉우리.

127) 적송자(赤松子) : 신선의 이름. 신농씨 때의 우사(雨師)로서 후에 곤륜산(崑崙山)에 입산해 선인(仙人)이 되었다 한다.

128) 왕자진(王子晋) : 주(周)나라 영왕(靈王)의 태자로서 직간(直諫)을 하다 서인(庶人)으로 폐해져 쫓겨나 유랑의 삶을 살았던 비극적 인물. 전설에서는 초월적인 선인으로 미화된 인물이다.

129) 엄군평(嚴君平) : 한나라 사람. 이름은 준(遵). 성도에서 복서(卜筮)로 생계를 이으며 노자(老子)를 연구해 《노자지귀(老子指歸)》를 저술했다.

130) 두목지(杜牧之, 803~852) : 만당의 시인. 자(字)는 목지. 호는 번천(樊川).

하고 거문고를 희롱하며 채운[131]을 타고 문득 간데없거늘.

차설.[132] 성의 몸을 두루여[133] 점점 나아가니 층층봉두[134]에 취난[135] 공작(孔雀)이며 봉황이 왕래하고, 기화요초[136]가 처처에 무성한대 창송녹죽[137]은 벽계[138]에 둘러있고, 서천(西天) 84봉(峰)이 경개[139] 절승[140]한지라. 진실로 별유세계[141]로다. 성의 절승한 풍경을 좇아 들어가니 오운[142]이 영롱한데 정신이 쇄락[143]하거늘, 채운(彩

---

131) 채운(彩雲) : 여러 가지 빛깔로 아롱진 고운 구름. 채색 구름.

132) 차설(且說) : 화제를 돌려 말할 때, 그 첫머리에 쓰는 말.

133) 두루여 : 두루 움직여. 기본형은 '두르다.'

134) 층층봉두(層層峯頭) : 높디높은 산봉우리의 꼭대기.

135) 취난(翠鸞) : 털에 푸른빛이 많은 난새의 일종.

136) 기화요초(琪花瑤草) : 아름답고 고운 꽃과 풀.

137) 창송녹죽(蒼松綠竹) : 푸른 소나무와 녹색 대나무.

138) 벽계(碧溪) : 물빛이 매우 맑아 푸른빛이 도는 시내.

139) 경개(景槪) : 경치.

140) 절승(絕勝) : 경치가 견줄 데 없이 뛰어남.

141) 별유세계(別有世界) : 특별히 존재하는 세계. 이상세계를 이른다.

142) 오운(五雲) : 여러 가지 빛깔로 빛나는 구름.

雲) 간으로 점점 들어가니 층층대(層層臺) 상(上)에 황금 누각이 영롱하고 옥루[144] 금전[145]은 반공[146]에 솟아 굉장한데, 70층 대보탑(大寶塔)은 벽공(碧空)에 연(聯)하였고,[147] 상운학무[148]는 사면에 둘렀는데, 층만암자[149]에 팔만대장경 외우는 소리 귀에 사무쳐 쟁쟁한지라. 성의 십분 조심하여 보탑 아래로 가까이 내려가니 이팔 소승[150]이 얼굴이 백옥이라. 고깔을 쓰고 경문(經文)을 외우며 나오다가 성의를 보고 합장(合掌) 왈(曰),

"이곳은 십방세계[151]라 속객(俗客)이 어찌 오시니까?"

---

143) 쇄락(灑落) : 마음이나 몸이 개운하고 깨끗하다.

144) 옥루(玉樓) : 옥으로 장식한 누각. 화려한 누각.

145) 금전(金殿) : 황금으로 꾸민 전당. 썩 아름다운 전당.

146) 반공(半空) : 공중.

147) 연(聯)하였고 : 이어졌고. 잇닿았고.

148) 상운학무(祥雲壑霧) : 상서로운 구름과 골짜기의 안개.

149) 층만암자(層巒庵子) : 여러 층으로 겹쳐 있는 산속의 암자.

150) 이팔(二八) 소승(小僧) : 15, 16세 되는 젊은 승려.

151) 십방세계(十方世界) : 불교에서 말하는 온 세계. 여기서는 서방세계(西方世界)의 오류인 듯하다. '서방'은 불교에서 말하는 극락정토의 세계다.

성의 공순이 답례하고 가로되,

"나는 안평국 사람일러니 천생금불보탑존자[152]를 뵈오려 왔사오니, 어디 계시니까?"

화상[153]이 왈(曰),

"보탑존자는 금강천불대사(金剛千佛大師)라. 인간 육신으로 이곳을 들어왔으니 정성을 가히 알지라. 그대 정성을 신령이 감동함이나, 그러나 마음이 부정하면 대사를 보지 못할지라. 물러가 7일 재계(齋戒) 후에 대사를 보소서."

하거늘, 성의 애연[154] 낙루[155]하며 재배(再拜) 왈,

"소자 무변광해[156]에 두류[157]하와 천신만고하여 왔삽거늘, 어찌 물러가 칠 일을 머물리까? 바라건대 존사(尊師)는 살피사, 일각이 삼추[158] 같사온 성의 마음을 불쌍히

152) 천생금불보탑존자(天生金佛寶塔尊者) : 다보여래(多寶如來).

153) 화상(和尙) : 덕이 높은 중을 높여 이르는 말.

154) 애연(哀然) : 슬프게. 슬픈 듯함.

155) 낙루(落淚) : 눈물을 흘림.

156) 무변광해(無邊曠海) : 끝없이 넓은 바다.

157) 두류 : 주유(周遊). 두루 다님. 떠돌아다님.

여기지 아니하시면, 차라리 이곳에 죽어 사부(師父)의 어여삐 여기심을 바라나이다."

하니 대사 왈,

"이곳을 한 번 보면 삼재팔난[159]을 소멸하나니. 귀객(貴客)의 효성이 창천[160]에 사무치는지라. 작일[161]에 존자 분부하시되, '명일[162] 유시[163]에 안평국 왕자 내게 올 것이니, 오던 즉시에 아뢰어라' 하시더니, 생각건대 그대를 이르심이라."

하고,

"잠깐 머무소서."

하며 들어가더니, 이윽고 나와 청하거늘, 성의 따라 들어가니 7층 전각(殿閣)에 일위 존자 머리에 누런 송낙[164]

---

158) 일각이 삼추(三秋) : 짧은 동안도 3년같이 길게 생각되다.

159) 삼재팔난(三災八難) : 삼재와 팔난. 곧 모든 재앙과 곤란.

160) 창천(蒼天) : 맑게 갠 푸른 하늘.

161) 작일(昨日) : 어제.

162) 명일(明日) : 내일.

163) 유시(酉時) : 오후 다섯 시부터 일곱 시까지의 시각.

164) 송낙 : 여승이 쓰는 모자. 소나무 겨우살이로 엮어 만든다.

을 쓰고 칠건[165] 가사[166]를 메고, 좌수(左手)에 금강경(金剛經)을 쥐고 우수(右手)로 백팔염주를 두르며 경문을 외우니, 좌편에 오백 나한[167]이며 우편에 7백 중들이 합송(合誦)하니 송경(誦經) 소리 반공에 사무치는지라.

성의 칠보대 아래에서 재배한대, 존자 왈,

"내 일찍 수도(修道)하여 천하제국(天下諸國) 중생의 선악(善惡)을 보는지라. 이제 네 효도하여 위친지성(爲親之誠)이 지극하여 극락 서역이 창해(蒼海) 누만(累萬) 리어늘, 부모에게 효도함에 위친지성(爲親之誠)으로 길을 삼아, 금일(今日)로 올 줄을 알았더니, 과연 오도다."

하며 환약(丸藥) 일봉을 주며 왈(曰),

"이 약이 일영주니 바삐 돌아가 모환(母患)을 구하라. 너는 본디 하계[168] 사람이 아니라. 전세(前世)에 묘일성신[169]과 혐의[170] 있더니, 금세에 형제 됨에 허다 곤액[171]

---

165) 칠건(漆巾) : 옻칠한 두건.

166) 가사(袈裟) : 중이 입는 법의. 장삼 위에 왼쪽 어깨에서 오른쪽 겨드랑이 밑으로 걸치는 긴 네모로 된 천.

167) 나한(羅漢) : 아라한(阿羅漢). 가장 높은 경지에 오른 수행자.

168) 하계(下界) : 이 세상. 천상계에 대응하는 말이다.

이 있으나 필경에 원한을 풀 날이 있으리라."

하고 인하여 동자를 명하여 구슬 같은 약 두 개를 가져다가 성의를 주며 왈,

"이 약이 일영주니 가지고 빨리 돌아가라. 그간에 혹시 명이 진(盡)하였을지라도 이 약을 갈아 2, 3차를 먹이면 회생하여 백병 소삭[172] 하느니라."

하시고, 나가기를 재촉하거늘, 성의 존자를 향하여 고두백배[173] 사례하고, 물러 나와 길을 찾아 청산벽계[174]를 지내어서 내려오니 앞에 약수[175] 가리었더라. 주저하더니, 문득 청아(淸雅)한 저(笛) 소리 들리거늘, 성의 서서 바라보니 일편(一片) 백운(白雲)이 떠오며 외쳐 왈(曰),

"안평국 왕자는 일영주를 얻어 오는가?"

---

169) 묘일성신(卯日星辰) : 일진(日辰)의 지지가 묘(卯)로 된 날의 별.

170) 혐의(嫌疑) : 꺼리어서 싫어함.

171) 곤액(困厄) : 곤란과 재액.

172) 백병(百病) 소삭(消削) : 모든 병이 깨끗이 없어짐.

173) 고두백배(叩頭百拜) : 머리를 조아리며 여러 번 절하다.

174) 청산벽계(青山碧溪) : 푸른 산과 맑은 물이 흐르는 계곡.

175) 약수(弱水) : 신선이 살았다는 중국 서쪽의 전설 속의 강.

하거늘, 성의 응성(應聲)하고 급히 나오니 이는 곧 동방삭[176]이라. 성의 재배(再拜) 왈,

"선관이 지시하시므로 약을 얻어 오나이다."

선관(仙官) 왈,

"그 지극한 효성을 존자(尊者) 감동하시므로 얻어 왔거늘 어찌 나를 칭찬하릿고?"

하시며 청하여 파초선(芭蕉船)을 태우고 왈,

"서역 풍경을 다 구경할 양이면 7년을 주유(周遊)한들 어찌 다 보리오?"

하고 순식간에 강변에 다다르니, 사공 등이 일시에 배를 타고 나와 맞으며 반기어 무사히 돌아옴을 무수히 치하하고 못내 길거하더라.[177] 또 약 얻은 사연을 듣고 칭찬 왈,

"우리 대군주[178]는 진실로 천상(天上) 선관(仙官)이로다."

---

176) 동방삭(東方朔) : 한(漢)나라 무제(武帝) 때의 사람. 속설에 서왕모의 복숭아를 훔쳐 먹어 죽지 않고 장수했으므로 '삼천갑자(甲子) 동방삭'이라고 일컬었다고 한다. 오래 사는 사람의 비유로도 쓰인다.

177) 길거하더라 : 기뻐하더라.

178) 대군주(大君主) : 세자 이외 임금의 정비(正妃) 소생의 아들.

하더라. 성의 파초선에 내리니 선관이 파초선을 두루여[179] 만경창파(萬頃蒼波)에 표연히 가거늘, 성의 선관을 향하여 백배사례[180]하고 인하여 배에 올라 돛을 달고 행(行)하더니, 또 순풍을 만나 배 빠르기 살 같더라.[181]

차설. 이때 안평국 왕비 성의를 보내고 불승창연[182]하여 병세 점점 더한지라. 주야(晝夜)에 눈물을 금치 못하고 시시(時時)로 체읍[183] 왈,

"10여 세 소아(小兒) 허탄한[184] 도사의 말을 듣고 어미를 위하여 만리창파(萬里蒼波)에 어디로 정처 없이 행(行)하고, 망망창해[185]에 파도는 흉용[186]하고, 운산(雲山)은 첩첩한데 어느 날에 돌아올꼬? 한 번 떠난 후로 사생을 알

---

179) 두루여 : 돌리어.

180) 백배사례(百拜謝禮) : 거듭 절하며 고마운 뜻을 나타냄.

181) 살 같더라 : 화살 같이 빠르더라.

182) 불승창연(不勝愴然) : 감정을 자제해 참지 못하고 몹시 슬퍼함.

183) 체읍(涕泣) : 눈물을 흘리며 슬피 울다.

184) 허탄(虛誕)한 : 거짓되고 미덥지 아니한.

185) 망망창해(茫茫蒼海) : 아득히 멀고 큰 바다.

186) 흉용(洶湧) : 물결이 매우 세차게 일어남.

지 못하니 어찌 슬프지 아니하리오? 내 장차 보지 못하고 죽으면 눈을 어찌 감을쏘냐."

하시며 설워하시니라.

차시에 항의 불량한 마음이 뱃속에 들어 나날이 크는지라. 내심(內心)에 헤아리되,

'모후께서 성의를 본디 사랑하시거늘, 만일 약을 얻어다가 환후[187]를 평복[188]한즉 더욱 사랑하실 것이니, 일국에 그 아름다운 이름이 진동할 것인즉, 내 어찌 왕위를 바라리오.'

하며 한 계교를 생각하고 부왕과 모후께 고(告) 왈,

"성의가 서역에 간 지 거의 반년이 되도록 소식이 묘연[189]하오니 소자 중로(中路)에 나아가 소식을 탐지하고, 만일 풍파에 불행한 일이 있사오면, 소자 서천(西天)에 들어가 약을 구하여 오리이다."

하며 인하여 하직을 고하고 선척을 준비하여 사공과 무용(武勇) 있는 자 10여 명을 데리고 서천으로 행하니라.

---

187) 환후(患候) : 웃어른의 병. 병환.

188) 평복(平復) : 병이 나아 건강이 평상시로 회복됨.

189) 묘연(杳然) : 소식이나 행방 등이 알 길이 없이 까마득함.

행선(行船)한 지 3일 만에 풍파를 만나 거의 죽게 되었더니, 겨우 강변을 당하여[190] 배를 머무르고 밤을 지낼새, 창강수[191] 맑은 물에 추월(秋月)이 돋아 오니 원근에 비치는지라. 문득 서 대해로서 한 척 소선(小船)이 나는 듯이 오거늘, 항의 격군[192]을 하여금 외쳐 왈,

"저기 가는 배는 안평국 대군 타신 배 아니오?"

하며 크게 부르거늘 의심하여 주저하더니, 그 배 살같이 오는지라. 슬프다! 사람의 운수를 하늘이 정하신 바이라, 인력으로 어찌 막을쏘냐. 세자 항의의 불칙(不則)한 흉계를 성의야 어찌 알리오. 이윽고 배를 돌리어 한데[193] 대고 보니 이는 곧 세자라. 성의 반김을[194] 이기지 못하여 바삐 배에 내려 배례(拜禮)한대, 항의 답례(答禮) 왈,

"동생이 연파만리[195]를 독행(獨行)함이 위태하기로 부

---

190) 당(當)하여 : 대하여. 만나서.

191) 창강수(滄江水) : 맑고 푸른 강물.

192) 격군(格軍) : 사공의 일을 돕는 수부(水夫). 여기서는 사공과 선원을 가리킨다.

193) 한데 : 한곳. 한군데.

194) 반김을 : 반가워함을. 반가운 마음.

왕의 명을 받자와 중로(中路)에 와 맞거니와, 아지 못겨라[196] 일영주를 얻어 오는다?"

하니 성의 그 형의 불량패악지심[197]을 모르고, 즉시 일영주를 내어드리며 모후의 병환을 물은대, 항의 왈,

"환후는 스스로 평복(平復)되어 계시니 이제 일영주가 도로혀 무색[198]할까 하노라."

하거늘 성의 왈,

"환후 비록 쾌차(快差)하실지라도 일영주를 쓰시면 더욱 상쾌하실까 하노이다."

하니, 항의 문득 선상에 높이 앉아 고성대매[199] 왈,

"네 거짓 서역에 가 일영주를 구하여 온다 하고 병모(病母)를 잊어버리고 불도(佛道)에 침혹[200]하여 이제야

---

195) 연파만리(煙波萬里) : 안개가 자욱하게 낀 만 리 길의 수면.

196) 아지 못겨라 : 알지 못하겠노라.

197) 불량패악지심(不良悖惡之心) : 어질지 못하고 사리에 어긋나고 흉악한 마음.

198) 무색(無色) : 원래의 특색을 나타내지 못해 존재가 뚜렷하지 않음.

199) 고성대매(高聲大罵) : 큰 소리로 꾸짖어 욕함.

200) 침혹(沈惑) : 무엇을 몹시 좋아해 정신을 잃고 거기에 빠짐.

돌아오니 어찌 인자정의[201]라 하리오? 이는 천하의 불효라. 모후께서 너를 보시면 병세 더하실 것이니 여등[202]은 빨리 물에 빠져 부왕의 명을 순수(順受)하라."

하거늘 성의 이 말을 들으니 심혼이 비월[203]하여 묵묵히 앉았다가 앙천 탄 왈,[204]

"소제[205] 진심으로 천신만고하여 서천에 들어가 정성으로 약을 얻어 돌아옴은 모비(母妃)를 위함일러니, 이 무슨 의사로[206] 중로(中路)에 나와 부왕의 명령을 칭탁[207]하고 형장[208]이 여러 인명을 살해코자 하니, 이는 진실로 교토사에 주구를 삶음이로다.[209] 내 몸은 이 물에 죽어도

---

201) 인자정의(人子情意) : 자식으로서의 도리. 자식의 따스한 마음.

202) 여등(汝等) : 너희들.

203) 심혼(心魂)이 비월(飛越) : 마음과 정신이 아득히 달아남.

204) 앙천(仰天) 탄 왈 : 하늘을 우러러 탄식해 말하기를.

205) 소제(少弟) : 형 앞에서 아우가 자신을 낮추어 일컫는 겸칭.

206) 무슨 의사로 : 무슨 마음으로. 무슨 뜻으로.

207) 칭탁(稱託) : 사정이 어떠하다고 핑계를 댐.

208) 형장(兄丈) : 나이가 비슷한 친구 사이에 상대방을 높여 이르는 말. 여기서는 형을 일컫는다.

209) 교토사에 주구를 삶음이로다 : 날랜 토끼를 다 잡고 나면 사냥개도

일호도[210] 쉽지 아니하나, 다만 병중에 계신 부모의 얼굴을 다시 뵈압지 못하고 해중고혼[211]이 될지니 어찌 절통치 아니하며, 천추의 무궁지한[212]이 되지 아니하리오. 또 날로 인하여 수십 인명이 죄 없이 죽을지니 그 아니 가련하리오. 슬프도다! 창천후토[213]는 굽어살피소서."

하늘을 우러러 통곡하니 일월이 무광(無光)하고 초목이 다 슬허하는[214] 듯한지라. 선인(船人)들이 또 성의를 붙들고 통곡(痛哭) 왈(曰),

"우리 수십 명 공자를 모시고 창파만경[215]에 득달(得達)하여 선경에 들어가 일영주를 얻어 와, 곤전[216] 환후를 평복(平復)하시고, 우리 등이 중한 상을 받을까 바랐더니,

---

필요 없게 되니 그를 삶아 먹음이로다. 교토사(狡兎死) 주구팽(走狗烹).

210) 일호(一毫)도 : 조금도. 티끌만큼도.

211) 해중고혼(海中孤魂) : 바다 속을 떠도는 외로운 혼령.

212) 천추(千秋)의 무궁지한 : 매우 오랜 세월 끝이 없는 한.

213) 창천후토(蒼天后土) : 맑게 갠 푸른 하늘과 땅.

214) 슬허하는 : 서러워하는. 슬퍼하는.

215) 창파만경(蒼波萬境) : 만 이랑의 푸른 물결. 한없이 넓은 바다.

216) 곤전(坤殿) : 중궁전(中宮殿). 왕비가 사는 궁전, 왕비.

죄 없는 죽음을 당하오니 어찌 망극[217]지 아니하리오? 우리 등 소견에는 대군을 모시고 궐전[218]에 들어가 일영주를 바치고 왕상(王上)의 처분을 기다려 죽사오면 여한이 없을까 하노이다."

하니, 항의 이 말을 듣고 대로하여 무사를 재촉하여, 죽이라 하니 성의의 주중(舟中) 제인(諸人)이 고성대매(高聲大罵) 왈,

"대군과 우리 등이 무삼[219] 죄가 있관대 죽이려 하느뇨? 천변[220] 서역에 가 대공(大功)을 이루어 돌아오거늘, 남 이룬 공을 중로(中路)에서 탈취하고 겸하여 인명을 살해하려 하니 명천(明天)이 무심하신 탓이로다. 절절히 원통하도다. 12세 우리 대군 지극 효성, 천지도 무심하고 귀신들도 야속하네. 정성으로 일영주를 얻어 돌아오다 태산 같이 높은 공이 홍노점설[221]이 되었구나. 우리 등 죽는 것

---

217) 망극(罔極) : 어버이나 임금에게 상서롭지 못한 일이 생겨 매우 슬픔.

218) 궐전(闕殿) : 임금이 거처하는 집. 대궐.

219) 무삼 : 무슨.

220) 천변(天邊) : 머나먼 하늘가.

은 과도히 섭잔하되,[222] 십이 청춘 적 공자는 위친지심[223] 극중타가[224] 골육상쟁[225]하는 고로 해중고혼(海中孤魂) 되겠으니 어찌 통분치[226] 아니하랴. 우리 등 청배고혼[227]인들 여등의 후사[228]를 안 볼쏘냐? 더러운 너희 손을 빌려 죽을 바 아니라."

하고 서로 목을 껴안고 슬피 우니 그 경상[229]을 차마 보지 못할레라. 선인 등이 왈,

"우리 어찌 대군의 죽음을 목도에 보리오?"[230]

하고 서로 손을 잡고 공자를 위로하여 배 가운데 앉히

---

221) 홍노점설(紅爐點雪) : 홍로상일점설(紅爐上一點雪). 붉게 타는 화로 위에 눈을 조금 뿌린 것과 같다는 뜻.

222) 섭잔하되 : 쉽지 아니하되.

223) 위친지심(爲親之心) : 부모를 위하는 마음. 효심.

224) 극중타가 : 극히 중하게 하다가.

225) 골육상쟁(骨肉相爭) : 가까운 혈육끼리 서로 싸움.

226) 통분치 : 원통하고 분하지.

227) 청배고혼(請拜孤魂) : 제사 의식에 초청되어 내려온 혼령.

228) 후사(後嗣) : 뒤를 잇는 자식.

229) 경상(景狀) : 좋지 못한 몰골이나 모습.

230) 목도에 보리오 : 목도(目睹)하리오. 눈앞에서 보리오.

고 '애고!' 일성(一聲)에 주중 제인[231] 일시에 만경창파(萬頃蒼波)에 뛰어들어 죽는지라. 이 거동은 차마 보지 못할레라.

이때 항의 무사를 눈 주어[232] 성의를 죽이려 할새, 무사 중에 태연이라 하는 사람이 대호[233] 왈,

"세자 비록 왕명을 칭하나[234] 어찌 동기간 윤기[235]를 생각지 아니하느뇨? 공자는 지극한 효자시라, 세자 어찌 인정이 여차(如此)하뇨?"

하고 칼을 들어 모든 무사를 물리치니, 항의 불승분노[236]하여 달려들어 성의 두 눈을 칼로 찔러 빼니, 배 안에 엎더지며 양안(兩眼)에 피가 흘러 옥면(玉面)을 적시는지라. 성의 탄 배 조각을 깨쳐, 한 조각 위에 앉히고 물결 위에 밀치니, 아지 못겨라. 그 사생(死生)을 뉘라서 알리오?

231) 주중(舟中) 제인(諸人) : 배에 있던 여러 사람.

232) 눈 주어 : 눈짓을 하여.

233) 대호(大呼) : 크게 소리 질러. 큰 소리로 외쳐.

234) 칭(稱)하나 : 칭탁하나. 핑계로 삼으나. 일컬으나.

235) 윤기(倫紀) : 사람이 지켜야 할 길. 인륜(人倫).

236) 불승분노(不勝憤怒) : 분노를 이기지 못함.

천지(天地) 신명(神明)하사 효자를 보존케 하실까 종말을 두고 볼지어다.

각설.[237] 항의 배를 돌려 돌아올새 군졸(軍卒)을 당부하여, 누설치 말라 하고 금은보화를 많이 주어 심복[238]을 삼아, 다 각각 돌려보내고, 궐내에 들어가 부왕과 모후께 뵈온대, 모후 문(問) 왈,

"네 이번에 가서 성의 소식을 들었느냐?"

항의 대(對) 왈,

"소자 배를 타고 서천을 행(行)하여 7일 만에 약수 가에 다다르니, 일위(一位) 선관(仙官)이 파초선을 타고 오다가 소자를 보고 왈, '그대 안평국 세자 아닌가?' 하옵기로 소자 대답하옵고 배례[239]하온즉, 선관이 말씀하시되, '나는 왕자진일러니, 서천에 갔다가 안평국 왕자를 만남에 날다려[240] 일러 왈, 일영주를 얻었으나 성의 불도(佛道)에

---

237) 각설(却說) : 화제를 돌려 다른 말을 꺼낼 때 첫머리에 쓰는 말.

238) 심복(心服) : 심열성복(心悅誠服). 마음으로 기뻐하며 성의를 다해 복종함.

239) 배례(拜禮) : 절하는 예. 절을 하여 예를 표함.

240) 날다려 : 나더러. 나에게.

참례(參禮)하여 삭발위승[241]하고 불경을 잠심[242]하여 세상사를 잊어버렸으니 어찌 회환[243]이 있으리오?' 약을 내게다 전하라 하기로 받아 간수하였더니, '내 헤아리건대 안평국 왕이 기다릴지라. 마침 인간에 나갈 일이 있어 가는 길에 전하려 가져왔더니, 그대를 만났으니 다행하도다' 하시고, '그대는 성의를 생각지 말고 약을 가져다가 바삐 쓰라' 하고 주며 이르기를, '성의는 조금도 자식이라 생각지 말라' 하더이다."

하며 일영주를 드리거늘 왕비 일영주를 땅에 던지고 통곡 왈,

"성의 효심이 철석같은지라, 어찌 일조에 변하리오. 연일 몽사[244] 불길하더니 이런 재변(災變)이 났도다."

하시고 울음을 그치지 아니하시니, 항의 왈,

"성의 어린 마음으로 일시 변하였사오나 연기[245] 장성

---

241) 삭발위승(削髮爲僧) : 머리를 깎고 중이 됨.

242) 잠심(潛心) : 어떤 일에 마음을 두어 깊이 생각함.

243) 회환(回還) : 갔다가 다시 돌아옴.

244) 몽사(夢事) : 꿈에 나타난 일.

245) 연기(年紀) : 나이. 해. 세월.

하오면 돌아올 것이니 과념[246]치 마르시고 약을 진어[247]하옵소서."

왕이 또한 위로하고 일영주를 갈아 쓰니 왕비 정신이 씩씩하고 백병이 물러가는지라. 또 한 개를 쓰니 정신이 쇄락하고 두 눈이 청명하고 기운이 순평[248]하시니 환후 평복하신지라. 일국[249]에 다행일러라. 그러나 다만 성의를 생각하사 주야 설워하시더라.

각설(却說). 이때 성의 한 조각 판자를 의지하였으니 어찌 가련치 아니하리오? 두 눈이 어두웠으니 천지일월성신(天地日月星辰)이며 만물을 어찌 알리오? 동서남북을 어찌 분별하며, 흑백장단(黑白長短)을 어이 알리오? 다만 바람이 차면 밤인 줄 알고, 일기가 따스한즉 낮인 줄 짐작하나, 만경창파에 금수[250] 소리도 없는지라. 삼일 삼야 만에[251] 판자 조각이 다다르는 곳이 있는지라. 놀래어 손으

---

246) 과념(過念) : 지나치게 염려함.

247) 진어(進御) : 임금이 옷을 입고 먹는 일을 높여서 일컫는 말.

248) 순평(順平) : 성질이 온순하고 화평함.

249) 일국(一國) : 온 나라.

250) 금수(禽獸) : 날짐승과 길짐승.

로 어루만지니 큰 바위라. 기어 올라가 정신을 수습하여 바위를 의지하고 앉아 탄식 왈,

"사형(舍兄)[252]이 어찌 이다지 불량하여 무죄한 인명(人命)을 창파(蒼波) 중에 원혼이 되게 하고, 나로 하여금 이 지경이 되게 하였으니 이제는 부모가 곁에 계신들 얼굴을 알지 못하게 되었으니 어찌 통한치 아니하리오? 그러나 모친 환후가 어떠하신지, 일영주를 썼는지 알지 못하니 어찌 원통치 아니하며, 인자하신 우리 모친이 속절없이 황천에 돌아가시도다."

하고 슬피 통곡하니 창천이 욕렬[253]하고 일월이 무광[254]한지라. 사고무인[255] 적막한데, 12세 적 공자가 불량한 사형에게 두 눈을 상하고서, 일시에 맹인이 되어 외로운 암석상에 홀로 앉아 자탄하니 그 아니 처량한가? 적적무인[256] 야삼경(夜三更)에 추풍은 삽삽[257]하여 원객

251) 삼일(三日) 삼야(三夜) 만에 : 밤낮 사흘 만에.

252) 사형(舍兄) : 남에게 자기의 형을 겸손하게 이르는 말.

253) 창천(蒼天)이 욕렬(慾裂) : 푸른 하늘이 찢어지려 함.

254) 일월(日月)이 무광(無光) : 해와 달이 빛을 잃음.

255) 사고무인(四顧無人) : 주위에 사람이 없음.

(遠客)의 수심을 자아내고, 강수동유원야성[258]에 잔나비 슬피 울고, 유의한[259] 두견성(杜鵑聲)과 창파만경(蒼波萬頃)에 백구[260]들은 비거비래[261] 소리 질러, 자탄으로 겨우 든 잠을 놀라 깨니 첩첩 원한 무궁이라. 하늘을 우러러 탄식을 마지아니하더니, 문득 청아한 소리 들리거늘 귀를 기울여 들으며 헤아리되,

'이는 분명한 대 소리로다. 이 같은 대해(大海) 중에 어찌 대밭이 있는고?'

하며,

'이는 반드시 촉나라 땅이로다.'

하고 소리를 좇아 내려가고자 하더니, 문득 오작[262]이

---

256) 적적무인(寂寂無人) : 고요하고 쓸쓸하며 인적이 없음.

257) 삽삽(颯颯) : 쏴하고 부는 바람 소리가 쌀쌀함.

258) 강수동유원야성(江水東流猿夜聲) : 강물은 동으로 흐르는데 원숭이는 밤에 울음 운다.

259) 유의(有意)한 : 특별한 뜻을 지니고 있는.

260) 백구(白鷗) : 갈매기.

261) 비거비래(飛去飛來) : 새들이 날아가고 날아오는 모양.

262) 오작(烏鵲) : 까마귀와 까치.

우짖으며, 손에 자연 집히는 것이 있거늘 이는 곧 실과(實果)라. 먹으니 배부른지라 정신이 상쾌하거늘, 인하여 오작(烏鵲)에게 사례하고, 인하여 바위에서 내려 죽림(竹林)을 찾아가니 울밀[263]한 죽림이라. 들으니 그중의 한 대가 금풍[264]을 따라 스스로 응하여 우는지라. 여러 대를 더듬어 우는 대를 찾아 잡고, 낭중[265]의 칼을 내어 대를 베어 단저[266]를 만들어서 한 곡조를 부니, 소리 처량하여 산천 초목이 다 우질기는[267] 듯하더라.

차시(此時)에 성의 오작에게 밥을 부치고[268] 단저로 벗을 삼아 심회[269]를 덜며, 일분도[270] 그 형을 원망치 아니하고, 주야에 부모를 생각하니 그 천성대효(天性大孝)

---

263) 울밀(鬱密) : 나무가 무성하게 우거져 빽빽함.

264) 금풍(金風) : 가을바람을 달리 이르는 말.

265) 낭중(囊中) : 주머니 속. 주머니 안.

266) 단저 : 단적(短笛). 가늘고 길이가 짧은 대로 만든 피리.

267) 우질기는 : 우지지는. 우짖는.

268) 밥을 부치고 : 밥을 의지하고.

269) 심회(心懷) : 마음속의 근심. 마음속의 회포.

270) 일분(一分)도 : 조금도.

를 천지신명이 어찌 돕지 아니하리오.

각설(却說). 이때 중국에 호마령이라 하는 재상이 있으니, 벼슬이 승상에 오른지라. 황명(皇命)을 받자와 남일국에 사신 갔다가 3삭[271] 만에 돌아오더니, 이곳에 이르러 일행을 쉬더니, 청풍은 서래하고[272] 수파(水波)는 고요한데 처량한 저(笛) 소리 풍편에 들리거늘, 호 승상이 헤아리되,

'이곳은 무인지경(無人之境)이라. 분명 선동(仙童)이 옥저를 불어 속객을 희롱하는도다.'

하고 시동[273]을 명하여,

"저(笛) 소리 나는 곳을 찾아보라."

하신대, 시동(侍童) 승명(承命)하고 저 소리를 따라 한 곳에 이르니, 한 동자 죽림(竹林) 암상(巖上)에 빗겨 앉아 단저(短笛)를 처량하게 불거늘, 시동 왈,

"그대 신동(神童)인다? 선동(仙童)인다?"

하니 성의 놀래어 왈,

---

271) 삭(朔) : 초하루라는 뜻에서 달수를 나타냄. '3삭'은 석 달.

272) 서래하고 : 서늘하고. 혹은 서쪽에서 오고.

273) 시동(侍童) : 곁에서 심부름하는 젊은이.

"나는 신동도 아니요, 선동도 아니라. 광대한 천지에 의지 없는 사람으로 이곳에 있거니와, 그대는 귀신인다? 사람인다?"

하거늘, 시동이 대 왈,

"귀신이 아니라 나는 중국 사람이라. 호 승상이 중국 사신으로 남일국에 가셨다가 회정[274]하시는 길에 이곳에 이르러 쉬시더니, 공자의 저(笛) 소리를 들으시고 청하라 하시기로 왔사오니 한번 수고를 사양치 마르소서."

한대, 성의 대(對) 왈,

"나는 맹인이라 촌보(寸步)[275]를 못하오니 황공하여이다."

시동이 공자를 붙들고 승상 좌전에 이르매, 승상이 그 비범한 용모를 살펴보시고, 그 맹인 됨을 차탄(嗟歎)하시고 왈,

"아깝도다! 저런 인물이 일월을 못 보는도다."

하시니 성의 재배 왈,

"소자 부모를 잃삽고 두루 개걸[276]하옵더니, 연전에[277]

---

274) 회정(回程) : 돌아오는 길이나 과정.

275) 촌보(寸步) : 몇 발짝 안 되는 걸음. 짧은 거리.

불칙한[278] 도적을 만나 비명으로 두 눈을 상하매 천지간에 쓸데없는 물건이라. 다만 이 단저(短笛)를 만들어 지극히 원통한 마음을 덜었삽더니, 천우신조(天佑神助)하사 금일(今日)에 상공을 모신가 하나이다."

하며 상한 두 눈으로 피 같은 눈물을 비 오듯 흘리거늘, 승상이 보시다가 비회[279]를 머금고 눈물을 지으시며 왈,

"가련타! 네 연기[280] 몇 살이뇨?"

성의 대 왈,

"금년에 12춘[281]이로소이다."

승상 왈,

"너를 보니 안평국 사람이라. 내 너를 이곳에 버리고 가면 필경에 명을 보존치 못하리라."

하시고 즉시 성의를 데리고 길을 재촉하여 여러 날 만

---

276) 개걸(丐乞) : 거지질을 함. 비럭질함.

277) 연전(年前)에 : 몇 년 전에.

278) 불칙한 : 바르지 못한. 옳지 못한.

279) 비회(悲懷) : 마음속에 서린 슬픈 회포.

280) 연기(年紀) : 나이.

281) 12춘(春) : 입춘을 열두 번 맞는다는 뜻. 열두 살.

에 황성에 득달하여 천자 전에 숙배[282]하온대 상(上)이 칭찬을 마지아니하시더라. 승상이 또 복지(伏地)하여 성의를 데려온 사연을 낱낱이 고하니 상이 청파에[283] 인견하라[284] 하시니, 승상이 성의를 데리고 들어와 옥계(玉階)하에 부복(仆伏) 재배하거늘, 상이 보시니,

"비록 맹인이나 옥안선풍[285]이 진짓[286] 진남자(眞男子)라!"

차탄(嗟歎)하시고 문 왈,

"짐이 들으니 단저를 잘 분다 하기로, 한번 듣고자 하노라."

성의 고두수명[287]하고 단저를 들고 어전(御殿)에서 한 곡조를 부니, 청아한 저(笛) 소리 반공(半空)에 솟아나며 사람의 심간[288]을 황홀케 하는지라. 상이 칭찬 왈,

---

282) 숙배(肅拜) : 삼가 공손히 절함.

283) 청파(聽罷)에 : 듣기를 다하고서. 다 들은 후에.

284) 인견(引見)하라 : 데려 오너라.

285) 옥안선풍(玉顔仙風) : 옥 같은 얼굴과 수려한 풍채. 신선의 풍모.

286) 진짓 : 참으로.

287) 고두수명(叩頭受命) : 머리를 조아리고 명을 받듦.

"이 아니 선동이냐!"

하시고 황궐(皇闕) 후원에다 거처하여 두시니라.

차설. 황제 정국낙낭황후 한 딸을 두었으되, 이름은 채란이라. 공주 당시 방년[289]이 13세라. 확락한[290] 기질이며 요요한[291] 태도는 진짓 월궁항아[292] 하강한 듯하여 진세(塵世)에 쌍이 없더라. 겸하여 시서음율(詩書音律)을 능통하니 황제와 황후 낭낭(娘娘)[293]이 극히 사랑하시더라. 공주 계명시[294]로부터 단장을 연연이[295] 하고 새벽에 문안하고 물러 나와 침실에 돌아가 시서(詩書)를 공부하며, 혹 거문고를 잡아 순군 남풍시[296]와 예상우의곡(霓裳

---

288) 심간(心肝) : 심장과 간장.

289) 방년(芳年) : 20세 전후의 꽃다운 나이.

290) 확락(廓落)한 : 기개가 크고 넓은.

291) 요요(姚姚)한 : 어여쁜. 아름다운.

292) 월궁항아(月宮姮娥) : 월궁 속의 선녀 항아(姮娥)라는 뜻으로, 미인을 비유해 이르는 말.

293) 낭낭(娘娘) : 왕비나 귀족의 아내를 높여 이르는 말.

294) 계명시(鷄鳴時) : 계명축시(鷄鳴丑時). 첫닭이 울 무렵인 축시(丑時), 곧 새벽 한 시에서 세 시까지 사이.

295) 연연(娟娟)이 : 아름답고 곱게.

羽衣曲)[297]을 화답하며, 월색이 명랑한 때를 당하면 여러 시녀를 각각 금포(錦袍)를 입혀 좌우에 시위하고, 공주 친히 용문전포[298]를 입고 머리에 쌍봉자금투구[299]를 쓰고, 손에 장창(長槍)을 빗겨 들고, 천리 대완마(大宛馬)[300]를 금안(金鞍) 지어,[301] 몸을 날려 말에 올라 황극전(皇極殿) 동산 화원 5백 보에 말달리기와 칼 쓰기를 연습하며, 군사를 호령하여 출입진퇴(出入進退) 하는 법을 익히니 늠름한 풍채와 표일[302]한 재주는 진세간[303] 무쌍(無雙)이라. 군위[304]를 베풀어 좌우를 호령한즉 위엄이 상설[305] 같아

---

296) 순군(舜君) 남풍시(南風詩) : 순임금이 지어 오현금(五絃琴)에 얹어 불렀다는 시(詩).

297) 예상우의곡(霓裳羽衣曲) : 월궁의 음악을 본떠 만든 곡조의 이름.

298) 용문전포(龍紋戰袍) : 용을 그린 오색의 무늬가 있는, 장수가 입던 웃옷.

299) 쌍봉자금투구 : 금실로 봉황을 아로새긴 투구.

300) 대완마(大宛馬) : 옛날 서역 대완국(大宛國)에서 났다는 명마.

301) 금안(金鞍) 지어 : 금빛 안장을 갖추어.

302) 표일(飄逸) : 몹시 뛰어나게 훌륭함.

303) 진세간(塵世間) : 속세에서는.

304) 군위(軍威) : 군대의 위엄.

서 엄숙함이 진짓 인중 호걸이라. 공주의 수화지태[306]는 침어낙안지상[307]이요, 엄정한 기상은 사람의 정신을 놀래는지라. 아는 자 뉘 아니 칭찬하리오.

이때 금풍[308]은 소슬[309]하고 월색은 명랑하여 동창에 비치거늘, 공주 월색(月色)을 탐하여 시녀 수인을 데리고 완월루(玩月樓)에 올라 백옥을 불러,

"오현금(五絃琴)을 가져오라."

명하여 옥수(玉手)로 현금(弦琴)을 잡아 희롱하며, 가사(歌詞)도 지어 읊으니 서로 흥치[310]가 난만[311]하더라.

이적에[312] 안평국 왕자 적성의 동산 약부(藥部)[313]에

---

305) 상설(霜雪) : 눈과 서리.

306) 수화지태(隋和之態) : 수후지주(隨侯之珠)와 화씨지벽(和氏之璧). 천하의 귀중한 보배. 여기서는 공주의 훌륭한 자태를 말한다.

307) 침어낙안지상(沈魚落雁之象) : '고기는 부끄러워서 물속으로 들어가고 기러기는 부끄러워서 땅에 떨어진다'는 뜻으로, '미인'의 형용.

308) 금풍(金風) : 가을바람.

309) 소슬(蕭瑟) : 으스스하고 쓸쓸함.

310) 흥치(興致) : 흥과 운치.

311) 난만(爛漫) : 물건이 충만해 넘치는 모양.

312) 이적에 : 이때에. 이 무렵에.

있어, 세월이 여류하여 성의의 나이 13세라. 만리(萬里) 객창에 외로이 앉아 고향을 생각하고 신세를 생각하니 어찌 아니 슬플쏘냐? 길이 탄식 왈,

"모비(母妃) 병환은 어떠하시며, 부왕 존후[314] 무양[315] 하신지? 소식이 돈절[316]하니 애닯고 답답하도다! 내 전일 양육하던 기러기는 살았는가? 죽었는가? 만일 살았으면 소식을 전하련마는 일차 소식 돈절하니 아무리 미물인들 어이 그리 무정하뇨."

객창고침[317] 명월야[318]에 처량한 마음을 이기지 못하여 신세를 자탄하다가 사향일곡[319]을 만들어 단소로 풀어내니 애원(哀怨)한 단소성이 월하에 높이 떠서 사람의 애

---

313) 약부(藥部) : 궁중 내관의 한 부서.

314) 존후(尊候) : 남을 높여 그의 건강 상태를 이르는 말.

315) 무양(無恙) : 병이 없음. 무병(無病).

316) 돈절(頓絕) : 편지나 소식 따위가 아주 끊어짐.

317) 객창고침(客窓孤寢) : 객지에서 나그네가 홀로 외롭게 자는 잠자리.

318) 명월야(明月夜) : 밝은 달밤.

319) 사향일곡(思鄉一曲) : 고향을 생각하는 한 곡조의 노래.

를 끊는 듯하더라.

이때 마침 채란 공주 완월루에 올라 거문고를 희롱하더니, 문득 옥저성(玉笛聲) 맑은 소리 풍편[320]에 들리거늘, 공주 옥수(玉手)로 거문고를 치며,

"기특하도다! 이 곡조 기묘하다! 나의 거문고 소리에서 더할 이 없건마는, 어떠한 선관(仙官)이 이 곡조를 읊어 진세(塵世)를 희롱하는도다!"

하고, 즉시 시녀 백옥을 명하여,

"이 소리 나는 곳을 알아 오라."

하시니, 백옥이 승명(承命)하고 채운각(彩雲閣)으로부터 능파대에 이르니 화원(花園) 명월하(明月下)에 한 동자 홀로 앉아 단저를 부는지라. 백옥이 나아가 읍(揖)하고 문 왈,

"공자는 뉘시관대 이같이 궁벽히 앉아 단소를 희롱하와 사람의 마음을 산란케[321] 하시나이까?"

하니 성의 놀래어 왈,

"나는 타국 사람으로 안맹[322]하여 천지를 분별치 못하

---

320) 풍편(風便) : 바람결.

321) 산란(散亂)케 : 흩어져 어지럽게. 어수선하고 뒤숭숭하게.

는 고로 심회(心懷)를 이기지 못하여 당시(唐詩) 고향사를 불어 수회(愁懷)를 덜거니와, 그대는 뉘관대[323] 심야(深夜) 삼경(三更)에 무슨 소회(所懷)로 들어와 안혼[324]한 사람을 놀라게 하느뇨?"

시녀 답(答) 왈,

"나는 채란 공주의 시비(侍婢) 백옥이라. 당시 공주 그 청아한 소리를 듣고 바삐 탐지하여 오라 하시기로 들어왔사오니, 공자는 맹인(盲人)이라 무슨 허물이 있으리오? 수고로이 생각지 마르시고 나를 따라가심이 어떠하시니까?"

성의 황공 대(對) 왈,

"내 아무리 눈이 어두운들 어찌 금궁[325] 옥주[326]를 대면하리오? 그대는 외람[327]한 말을 말라."

---

322) 안맹(眼盲) : 눈이 멂. 눈이 어두움.

323) 뉘관대 : 누구이건대.

324) 안혼(眼昏) : 시력이 흐림.

325) 금궁(禁宮) : 금궐(禁闕). 궁궐(宮闕).

326) 옥주(玉主) : 공주를 귀하게 이르는 말.

327) 외람(猥濫) : 하는 짓이 분수에 넘침.

하니, 백옥이 즉시 공주께 들어가 그 거동과 전후 말을 낱낱이 고한대, 공주 문득 깨달으시고 백옥더러 왈,

"일전에 호 승상이 해상에서 한 동자를 데려왔다 하더니 그 동자가 이 아니냐?"

하시고 왈,

"제례(除禮)하고 급히 가서 데려오라."

하시며 재촉하거늘, 백옥 승명(承命)하고 다시 나아가 공자더러 말하여 왈,

"우리 공주 시율(詩律)을 좋아하시기로 아까 공자의 단저성을 들으시고 간절히 청하시나니 겸양치 마르시고 나와 한가지로[328] 들어가사이다."

차시(此時), 성의 마지못하여 시비를 따라 완월루에 올라가 예한대,[329] 공주 월하(月下)에 앉아 그 동자의 거동을 살펴보니 해동명월(海東明月)이 구름 속에 잠긴 듯한지라. 비록 맹인이나 옥안선풍[330]과 표표[331]한 기상이며,

---

328) 한가지로 : 함께.

329) 예(禮)한대 : 예를 표하니.

330) 옥안선풍(玉顔仙風) : 풍채가 수려해 신선의 풍모를 느끼게 하는 사람. 옥산선풍(玉山仙風).

활달한 성심이 음성에 나타나니 범인(凡人)과 크게 다른 지라. 공주 자리를 주어 앉히고 문(問) 왈,

"그대 성명은 뉘시며, 연세(年歲) 몇이나 되었느뇨?"

성의 대(對) 왈,

"언어 상통(相通)함이 극히 외람되나, 물으시니 어찌 거스르리이까? 소생 몸이 죄 중하와 일찍 부모를 여의고, 의지 없는 일신이 표박[332]하야 천지로 장막 삼고, 사해(四海)의 밥을 부쳐 조동모서[333]하옵더니, 해변에서 수적(水賊)을 만나 양안(兩眼)을 상하여 부운(浮雲)같이 다니옵더니, 천우신조(天佑神助) 하시므로 호 승상을 만나 잔명(殘命)을 보존하왔삽고, 또 성상(聖上)의 천지 같사온 은택으로 동산 약부에 유숙케 하시니, 일신은 무양하오나 다만 심중에 맺힌 한을 이기지 못하여 단저로 벗을 삼아 수회(愁懷)를 덜더니, 의외에 옥주(玉主)께옵서 부르시어 관대[334]하시니 극히 황공하여이다."

---

331) 표표(表表) : 눈에 띄게 두드러지는 모양.

332) 표박(漂泊) : 일정한 주거나 생업이 없이 떠돌아다니며 지냄.

333) 조동모서(朝東暮西) : 여기저기로 옮아 다니는 생활을 이르는 말.

334) 관대(寬待) : 너그러이 대우함.

하며,

"천한 나이 13세로소이다."

하고 비회(悲懷)를 이기지 못하거늘, 공주 청파(聽罷)에 그 정상을 자닝히[335] 여기사 왈,

"내 일찍 시부가사[336]와 오음육률[337]을 대강 알거니와, 금야[338]에 그대의 단저성(短笛聲)을 들으니 가장 신기한지라. 다시 듣기 바라나니 한 번 수고를 아끼지 마르소서."

성의 승명(承命)하고 단정히 앉아 월하(月下)에 슬피 부니, 그 소리 처량하여 일희일비로 다 사람의 마음을 감동하는지라. 공주 탄식 왈,

"그대 반드시 범인(凡人)이 아니로다. 진실로 단구[339]에 채봉[340]이 우지지는도다."

---

335) 자닝히 : 약한 자의 참혹한 모양이 애처로워 차마 보기 어렵게.

336) 시부가사(詩賦歌詞) : 중국 전통 문학의 여러 갈래. 운율 중심의 갈래.

337) 오음육률(五音六律) : 옛날 중국 음악의 다섯 가지 소리와 여섯 가지 율.

338) 금야(今夜) : 오늘 밤.

339) 단구(丹丘) : 신선이 산다는 곳. 밤도 낮과 같이 늘 밝다고 함.

340) 채봉(彩鳳) : 아름다운 봉황새.

하시고, 시녀 백옥을 명하여 칠현금(七絃琴)을 나수와[341] 서로 화답하니, 두 소리 청아(淸雅)하여 학이 청전[342]에 우는 듯하고, 봉(鳳)이 황(凰)을 부르는 듯한지라. 공주 현금(絃琴)을 물리치고 다시 청하여 왈,

"그대는 진실 진세(塵世) 기남자[343]라. 배운 재주를 낱낱이 듣고자 하노니 수고 됨을 원망치 아니할까 바라노라."

성의 왈,

"옥주(玉主) 낭낭(琅琅)이 하생(下生)의 미천한 몸을 더럽다 아니 하시고 이같이 관대(寬待)하시니 은혜 망극하온지라 어찌 사양하리까?"

하며 난간에 빗겨 앉아 글을 읊으니, 공주 옥수(玉手)로 산호필(珊瑚筆)을 잡아 화간지[344]에 기록하며, 옥수(玉手)로 청옥연상[345]을 치며 읊으니 그 소리 옥반(玉盤)에 진주를 굴리는 듯한지라. 공주 옥배(玉盃)에 향온주[346]를 부어

---

341) 나수다 : 내어서 드리다. 내어오게 하다.

342) 청전(靑田) : 벼가 푸릇푸릇하게 자란 논.

343) 기남자(奇男子) : 재주와 슬기가 남달리 뛰어난 남자.

344) 화간지(華簡紙) : 한시나 편지 등을 쓰는 아주 고운 종이.

345) 청옥연상(靑玉硯床) : 푸른빛을 띤 옥돌로 만든 벼룻집.

권하여 왈,

"비(比)컨대 형산백옥[347]이 진돌[348] 속에 묻혔은들 광채조차 감추리오?"

하시며,

"그대 일찍 부모를 이별하였으면 시서음률(詩書音律)은 뉘게서 배웠느뇨?"

성의 대(對) 왈,

"소생이 유리하여 다니다가 8세에 한 도인을 만나 배웠나이다."

공주 왈,

"그대 반드시 천인(天人)으로, 적강[349]하여 금세(今世)에 환생(還生)하였도다."

이때 시비 백옥이 모셨다가 여쭈오되,

"금야(今夜)에 공주 타시던 오현금과 공자의 단저성은

---

346) 향온주(香醞酒) : 향기로운 맛과 냄새를 지닌 술의 한 가지.

347) 형산백옥(荊山白玉) : 중국 형산에서 나는 백옥. '보물로 전해 오는 흰 옥돌'을 이르는 말. 여기서는 현량(賢良)한 사람을 비유한다.

348) 진돌 : 진흙. 잡석.

349) 적강(謫降) : 천상에서 죄를 짓고 인간 세상에 귀양 와서 태어남.

황후 학사 비파성(琵琶聲)으로 태평곡[350]을 화답함과 같도소이다."

하니, 공주 이 말을 들으시고 미소하시더라. 이러구러 계명성[351]이 나니 공주 일어나며 백옥으로 공자를 인도하라 하고, 공주 침소에 돌아와 성의 맹인 됨을 한탄하며 전전불매[352]하여 잠을 이루지 못하더라.

이때, 성의 처소에 돌아와 백옥을 보내고 낙루 차탄[353] 왈,

"내 공주를 보지 못하나 반드시 범인(凡人)은 아니로다."

하며 더욱 고국 생각이 간절하더라. 주야로 부모 양위[354] 만수무강하심을 축수하니, 대저 출천대효[355]라 어

---

350) 태평곡(太平曲) : 성군의 은덕으로 태평성대가 됨을 찬양하는 노래.

351) 계명성(鷄鳴聲) : 닭 울음소리.

352) 전전불매(輾轉不寐) : 엎치락뒤치락하며 잠을 이루지 못함.

353) 낙루(落淚) 차탄(嗟歎) : 눈물을 흘리며 탄식함.

354) 양위(兩位) : 두 분. 두 사람.

355) 출천대효(出天大孝) : 하늘이 내린 효자. 지극한 효자나 효성.

찌 명천(明天)이 감동치 아니하리오.

세월이 여류하여,[356] 이때는 무인년 춘삼월이라. 황제 화기춘풍[357]에 성심(聖心)이 환열[358]하사 동산 화계[359]에 대연(大宴)을 배설하시고, 금수단광목장[360]을 구름같이 높이 치고, 운무병[361] 화초병[362]을 전후좌우로 둘러치고, 후원에는 황후 낭낭(娘娘)이 공주와 모든 시녀로 더불어 즐기실새, 월패궁녀[363]는 좌우에 시위하고 금의화복[364]은 광채가 찬란한지라. 전면에는 문무백관이 금포옥대[365]를 갖추고 좌우에 시위하였으니, 천상(天上) 선관

356) 여류(如流)하여 : 물 같이 흘러.

357) 화기춘풍(和氣春風) : 화창한 기운의 봄 날씨.

358) 환열(歡悅) : 기쁨.

359) 화계(花階) : 꽃밭.

360) 금수단광목장(錦繡緞廣木帳) : 비단으로 수를 놓고 광목을 둘러서 만든 큰 휘장.

361) 운무병(雲霧屛) : 구름과 안개가 그려져 있는 병풍.

362) 화초병(花草屛) : 화초가 그려져 있는 병풍.

363) 월패궁녀(月佩宮女) : 가슴이나 허리에 월패(달 모양의 패)를 단 궁녀.

364) 금의화복(錦衣華服) : 비단에 물감을 들인 옷감으로 지은 옷.

(仙官)이 봉래산[366]에 모인 듯하더라.

천자 제신(諸臣)으로 더불어 고금역대[367]와 치국치민지정[368]과 방백수령[369]의 선악을 물으시고, 조용함을 인하여 부마 간선[370]하실 일을 의논하시며 종일 즐기실새, 황제가 호 승상을 돌아보사 왈,

"향일[371]에 단저 불던 성의를 부르라."

하시니, 승상이 수명(受命)하고 즉시 성의에게 어명을 전하시니라.

이때 성의 홀로 앉아 본국사(本國事)를 생각하고 탄식함을 마지아니하더니, 홀연 상명(上命)이 내리거늘 즉시 들어가 어전에 복지(伏地)한대, 황제 근시[372]를 명하사,

---

365) 금포옥대(錦袍玉帶) : 비단으로 수놓은 도포와 옥으로 만든 허리띠.

366) 봉래산(蓬萊山) : 신선이 산다는 전설적인 산.

367) 고금역대(古今歷代) : 고금의 역사.

368) 치국치민지정(治國治民之政) : 나라와 백성을 다스리는 정치.

369) 방백수령(方伯首領) : 지역을 관할하고 다스리는 책임자.

370) 부마(駙馬) 간선(揀選) : 임금의 사위를 가려서 뽑음.

371) 향일(向日) : 접때. 지난날.

372) 근시(近侍) : 웃어른을 곁에서 모시는 사람.

"가까이 자리를 주어라."

하시고 자세히 보시니, 옥골선풍[373]이라. 또, 성음(聲音)이 청아(淸雅)하매 상(上)이 새로이 성의를 못내 칭찬하시고 그 신세를 애연(哀然)히 여기시더라.

이때 만조제신이 성의를 보고 사실을 몰라 면면상고[374]하며 알고자 하거늘, 호 승상이 성의 데려온 사연을 반열[375] 중에 말한대, 중관(重官)이 다 듣고 차탄하여 왈,

"석일[376]에 해풍창이[377]가 7년 만에 눈을 떴으니, 저 소동(小童)도 기질이 비범하니 타일(他日)에 신기한 일이 있을까 싶으도다."

하며, 애연히 여기더라. 상이 못내 하시며 단저(短笛)를 청하신대, 성의 고두수명[378]하고 어상[379]에 단좌(端

---

373) 옥골선풍(玉骨仙風) : 살결이 희고 고결해 신선과 같은 풍채.

374) 면면상고(面面相顧) : 말 없이 서로 얼굴만 물끄러미 바라 봄.

375) 반열(班列) : 품계의 차례나 신분 등급의 차례로 늘어선 줄.

376) 석일(昔日) : 지난날. 옛날.

377) 해풍창이 : 미상. 경판23장본에는 '해풍청이'로 표기되어 있다.

378) 고두수명(叩頭受命) : 머리 조아리고 명을 받듦.

379) 어상(御床) : 임금 앞에 음식 등을 차리기 위해 놓아 둔 상.

坐)하여 저(笛)를 부니 청아한 단소성(短簫聲)이 사람의 심곡[380)]을 감동케 하는지라. 모두 칭찬 왈,

"계명산 추야월에 취소산초병[381)] 하던 장자방(張子房)[382)]의 옥퉁소가 이 단저와 같던가?"

하며 칭찬 아니 할 이 없더라.

이러구러 날이 저물매 연석[383)]을 파(罷)하니 제신(諸臣)이 각각 물러가는지라. 이날 황제 내전에 드시어 성의의 일을 일컬으시며 애석하시니[384)] 황후 주(奏) 왈,[385)]

"폐하, 그 소동(小童)을 이같이 애석히 여기시니, 한번 불러 보고자 하나이다. 겸하여 맹인이라 무슨 허물이 있

---

380) 심곡(心曲) : 간절하고 애틋한 마음.

381) 계명산(鷄鳴山) 추야월(秋夜月)에 취소산초병(吹簫散楚兵) : 계명산은 중국 진원현(晋原縣) 서쪽에 있는 산. 한고조(漢高祖) 유방(劉邦)의 신하인 장양(張良)이 퉁소를 불어 초(楚)나라 군사를 교란시켰다는 고사.

382) 장자방(張子房) : 장양(張良, ?~BC 168). 중국 한나라 창업의 공신.

383) 연석(宴席) : 잔치 자리. 연회석.

384) 애석(哀惜)하시니 : 슬퍼하고 안타까이 여기시니.

385) 주(奏) 왈 : 아뢰어 말하기를.

사오리까?"

하시니, 상이 허하고 즉시 근시(近侍)를 명하사 성의를 패초[386]하시니, 승전(承傳) 명초[387]를 성의에게 전하고, 즉시 데리고 내전에 들어가 사배(四拜)하니 황제와 황후 낭낭(娘娘)이 연좌[388]하시고 성의를 자리를 정하여 앉히고, 단저를 불라 하시거늘 성의 고두수명(叩頭受命)하고 한 곡조를 읊으니 그 소리 청아하여 마음이 쇄락[389]한지라.

"진실로 선악[390]이로다."

하시고 황제 문 왈,

"네 고향이 어디며 부모 성명을 아느냐?"

성의 부복(仆伏) 주(奏) 왈,

"소신의 팔자 기박하와 3세에 부모를 잃삽고 유리하였사오니 거주성명을 아지 못하나이다."

---

386) 패초(牌招) : 왕명을 받아 승지가 신하를 부름. '명(命)' 자를 쓴 목패(木牌)에 부르는 신하의 이름을 써서 하인을 시켜 보냈다.

387) 승전(承傳) 명초(命招) : 임금의 명령을 이어받아 신하를 부름.

388) 연좌(連坐) : 좌석을 나란히 해 앉음.

389) 쇄락(灑樂) : 기분이나 몸이 상쾌하고 깨끗함.

390) 선악(仙樂) : 신선의 음악.

이때 공주 내궁에 있다가 주렴[391]을 걷고 성의를 바라보니, 명월(明月)이 벽공[392]에 걸린 듯하고, 표표정정[393]한 풍채가 전일 월하(月下)에서 볼 때보다 열 배나 더하더라. 심중(心中)에 그윽이 그 안맹[394] 됨을 애연하여[395] 길이 한탄하더라. 석양이 되매 황제 자리를 파하시고, 금은(金銀) 보패(寶貝)를 많이 상사[396]하시고, 그 안폐[397]함을 가석다[398] 하시더라. 성의 백배(百拜) 사례하고 후원 약부로 돌아와 금은을 어루만지며 체읍[399] 왈,

"금은보화가 구산[400]같이 쌓였은들 쓸 곳이 어디매뇨?

---

391) 주렴(珠簾) : 구슬을 꿰어 꾸민 발.

392) 벽공(碧空) : 푸른 하늘.

393) 표표정정(表表亭亭) : 얼핏 눈에 띄도록 우뚝하여 두드러짐.

394) 안맹(眼盲) : 눈이 멀게 됨.

395) 애연(哀然)하여 : 슬피 여기어.

396) 상사(賞賜) : 상으로 내림.

397) 안폐(眼廢) : 눈이 멀어 버림.

398) 가석(可惜)다 : 가엽다.

399) 체읍(涕泣) : 눈물을 흘리며 슬피 욺.

400) 구산(丘山) : 언덕과 산. 산더미.

타국에 몸이 있어 쌍친(雙親)의 안부를 물을 곳이 바이없고, 애지중지(愛之重之) 나의 모후(母后) 병환은 어찌 되며, 불초자를 생각하사 얼마나 흐느끼시는지. 서천에 들어가 약을 얻어 돌아오다가 정성이 부족하여 불측한[401] 사형[402] 손에 해를 받아 일월(日月) 못 보는 병신이 되어 창강만리(蒼江萬里) 벽파상[403]에 12세 어린 것이 안맹(眼盲) 되어 볼 수 없고, 목판 한쪽을 부여 타고 바람 부는 대로 물결치는 대로 떠밀려서 중국에 유락[404]하여 잔명[405]을 보존하야, 일신은 무양[406]하나 부모를 생각하고 고국사를 생각하니 슬픈 마음 끊길 날이 저이[407] 없네. 망극할사 내 일이여! 명천[408]은 성의의 사정을 살피소서."

---

401) 불측(不測)한 : 헤아리기 어려운. 음흉한.

402) 사형(舍兄) : 자기 형을 남에게 겸손히 이르는 말. 사백(舍伯).

403) 벽파상(碧波上) : 푸른 파도 위.

404) 유락(流落) : 고향을 떠나 타향에서 삶.

405) 잔명(殘命) : 거의 죽게 된 쇠잔한 목숨.

406) 무양(無恙) : 몸에 병이나 탈이 없음.

407) 저이 : 조금도. '적이'의 오기인 듯. 방언으로는 '저으기'로 쓰기도 한다.

408) 명천(明天) : 모든 것을 다 아는 하느님. 총명하고 어진 임금.

하며 눈물이 비 오듯 하여 앙천자탄[409]으로 전전불매[410]한들 누라서 위로할꼬? 전전반측[411]하더니, 이때 공주 월색(月色)을 의지하여 옥난간에 빗겨 앉아 고시(古詩)를 읊다가, 홀연 성의 고향 생각하던 글을 생각하고 시녀(侍女) 춘란을 불러 왈,

"성의는 외국 사람이라. 본국 생각하는 회포 간절할지니 그 아니 가련하냐?"

춘란이 대 왈,

"요새에 소동(小童)의 말을 듣사온즉 왕왕이 귀를 놀래더니이다."

공주 옥수(玉手)로 서안(書案)을 치며 왈,

"내 비록 여자나 장부의 마음을 한번 위로코자 하나니 네 소견에는 어떠하뇨?"

대(對) 왈,

"소비[412]도 이미 생각한바 오래로소이다."

---

409) 앙천자탄(仰天咨歎) : 하늘을 우러러 탄식함.

410) 전전불매(輾轉不寐) : 이리저리 뒤척이며 잠을 못 이룸.

411) 전전반측(輾轉反側) : 누워서 몸을 이리저리 뒤척임.

412) 소비(小婢) : 여종이 자기를 낮추어 이르던 말.

하고 춘란이 즉시 성의 처소에 가 불러 왈,

"공주 낭낭(娘娘)이 월하(月下) 배회하시다가 난간에 의지하사, 시흥(詩興)이 도도하와[413] 청하시니 함께 감이 어떠하뇨?"

성의 즉시 의복을 정제하고 춘란을 따라 옥루(玉樓)에 이르니, 공주 왈,

"우연한 일 아니로다. 그대로 더불어 시율(詩律)을 화답하니, 상사[414] 아니라 예의를 어기나, 그러나 사모하는 마음이 간절하여 연좌(連坐)하여 월하(月下)에 시를 화답하고자 하니, 그대 질거할쏘냐?"[415]

하고 시녀를 명하여 일 배[416] 향온주 권하니, 성의 술을 먹지 못하나 사양치 못하여 삼 배를 먹으니 취기 옥면(玉面)에 가득한지라. 성의 취흥 도도(滔滔)하여 시를 읊으니 그 시에 하였으되,

---

413) 도도(滔滔)하와 : 벅차오르는 감흥을 막을 길이 없어서.

414) 상사(常事) : 일상사. 보통 있는 일.

415) 질거할쏘냐 : 길거할쏘냐. 기뻐할쏘냐.

416) 일 배 : 한 잔.

표일신혜(漂一身兮)여 유락만리외(流落萬里外)로다
고향사혜(故鄉思兮)여 백일면(白日眠)이로다
홍안비혜(鴻雁飛兮)여 신부전(信不傳)이로다
누불금혜(淚不禁兮)여 익창해(益蒼海)로다

이 글 뜻은,

일신이 표표(漂漂)하여 만 리 밖에 흘러 처지고,
고향을 생각하여 흰 날[417] 아래 조는도다.
기러기 가고 없어 소식을 전치 못하도다.
눈물 금치 못하여 창해를 보태리로다.

하였더라. 공주 이 글 읊으며 옥수(玉手)로 서안(書案)을 치며 왈,

"시법 절묘하니 금세(今世)에 대재(大才)로다."

하시고, 공주 또한 시를 지어 화답하니 그 글에 하였으되,

---

417) 흰 날 : 밝은 날. 대낮.

일곡단저(一曲短笛) 청아성(淸雅聲)은,
위연상봉(爲緣相逢) 천년객(千年客).
월하연좌(月下連座) 시부시(時賦詩)요,
일정사모(一定思慕) 수옥배(數玉盃)라.

이 글 뜻은,

단저 맑은 소리 한 곡조에
연분이 되어 서로 만났도다.
월하에 자리를 연함은 글 짓는 때요,
옥잔에 두어 순배 술은 단지 사모하는 뜻일레라.

이때 공주, 둘이 글을 읊기를 다한 후에 정다이 문 왈,

"글은 반드시 성정대로 짓는다 하나니, 본디 천한 사람은 여염418)에서 살고 귀인은 궁중에 생장하나니, 청컨대 그대는 근본을 은휘419)치 말라."

하거늘, 성의 대 왈,

418) 여염(閭閻) : 백성들의 살림집이 모여 있는 거리.

419) 은휘(隱諱) : 꺼리어 감추거나 숨김.

"그렇지 아니하여이다."

하니 공주 부답(不答)하고 오현금을 나소와[420] 섬섬옥수[421]로 한 곡조를 희롱하니, 소리 가장 처량하여 객회[422]를 돕는지라. 성의 옷깃을 여미고 꿇어앉아 고 왈,

"옥주 소생 같은 천인을 더럽다 아니하시고 이다지 관대하시니 은혜 태산 같사와 감히 갚기를 의논치 못하리로소이다."

공주 답 왈,

"그대 진짓 귀공자라. 금전옥대의 단풍시[423]를 희롱하니 심사 어찌 비창(悲愴)치 아니하리오."

성의 묵언양구[424]에 말없이 앉았더니, 문득 금계[425] 새벽을 고하는지라. 공주 몸을 일어서며 시녀를 명하여

---

420) 나소와 : 가져오게 해.

421) 섬섬옥수(纖纖玉手) : 가냘프고 아름다운 여자의 손.

422) 객회(客懷) : 나그네의 회포.

423) 금전옥대의 단풍시 : 미상. 금전옥대(金殿玉臺)의 단풍시(丹楓詩)인 듯.

424) 묵언양구(默言良久) : 말없이 한참 동안.

425) 금계(金鷄) : 새벽을 알리는 전설상의 닭.

성의를 인도하여 보내니라.

성의 처소에 돌아와 헤아리되,

'공주는 진짓 여중군자요, 규중호걸이라. 진실로 군자의 호구[426]이거니와, 도시 하늘이 정하신 운수를 어찌 사람의 힘으로 하리오. 고국을 생각하니 도로 수만 리라. 나의 심사를 붙일 곳이 전혀 없으니 첩첩 무궁지한(無窮之恨)을 풀어 버릴 길이 바이없고[427] 눈물 그칠 날이 없도다. 형산백옥이 진토(塵土) 중에 묻혀 있고, 여상[428]의 재주를 문왕(文王)이 아니시면 뉘라서 알아보리오?'

이렇듯 자탄(自嘆)으로 세월을 보내느니라.

각설(却說). 이때 안평국 왕비 병세 쾌복[429]되었으나 차자(次子) 성의 사생존망(死生存亡)을 몰라 주야 설워하시더니, 일일은 성의 거처하던 방을 들어가니 백옥(白玉) 서안[430]에 만 권 서책은 의구히[431] 있다마는 성의의 형

---

426) 호구(好逑) : 좋은 짝. 요조숙녀(窈窕淑女) 군자호구(君子好逑).

427) 바이없고 : 어찌할 도리나 방법이 전혀 없고.

428) 여상(呂尙) : 중국 주나라 초엽의 조신(朝臣). 성은 강(姜), 이름은 상(尙). 속칭은 강태공(姜太公).

429) 쾌복(快復) : 건강이 완전히 회복됨. 쾌유.

적[432]이 망연[433]한지라. 왕비 비창함을 이기지 못하여 하염없는 눈물이 간장으로[434] 솟아나니 견디지 못하사 통곡하시니, 옥면(玉面)에 흐르는 눈물이 비 오듯 떨어져 옷깃을 사뭇 적시는지라. 실성[435] 왈,

"성의야, 어린 네가 어미를 위하다가 도인의 말을 듣고 서역이 어디라고? 창파만경은 하늘에 닿았고 운산(雲山)이 첩첩하여 행방을 모르는데, 악수일별[436] 떠난 후로 종적이 영영 끊겼으니 어찌 슬프지 아니하랴. 극락 서역에서 불법(佛法)에 최미[437]하였다더니 그 말이 정녕하냐?[438] 약을 얻어 오는 길로 수적(水賊)을 만나 죽었느냐? 약수를

---

430) 서안(書案) : 예전에 책을 꽂던 책상. 서가.

431) 의구(依舊)히 : 예전과 같이.

432) 형적(形跡) : 사물의 형상과 자취. 남은 흔적.

433) 망연(茫然) : 아득함.

434) 간장(肝腸)으로 : 간과 창자로부터. 마음 깊숙한 곳에서부터.

435) 실성(失性) : 정신을 잃음.

436) 악수일별(握手一別) : 손잡고 한 번 이별함.

437) 최미(最迷) : 깊이 빠져 듦.

438) 정녕(丁寧)하냐 : 틀림없느냐. 꼭 그러하냐.

못 건네고 수중고혼(水中孤魂)이 되었느냐? 정녕(丁寧)이 죽었거든 혼백이라도 보자꾸나."

항의의 불칙한 소위(所爲)는 의심은 있건마는 행색이 탈루(脫漏)치 아니하니 어찌 짐작하리오? 왕비 차탄(嗟歎)을 마지아니하시더니, 문득 기러기 슬피 울거늘, 왕비 울음을 그치고 가로되,

"차시(此時)는 하말추초[439]이어늘 어이한 기러기인가? 네 비록 짐승이나 3천 우조(羽鳥) 중에 유의(有意)한지라, 성의의 소식을 전코자 왔느냐?"

하시며 눈물을 금치 못하더니, 기러기 또 울거늘 괴이히 여겨 시녀를 불러 물으신대, 시녀 고(告) 왈,

"전일(前日)에 공자 기르시던 기러기로소이다. 연전에 공자 임행시에[440] 기러기를 어루만지시며 경계 왈, '네 날로 더불어 일시도 떠남이 없더니, 내 이제 곤전[441] 환후로 하여 누만 리 원정(遠程)에 가 약을 구하여 돌아올 것이니, 그간 원별(遠別)을 당함에 창연[442]하나 너는 부디 처소를

439) 하말추초(夏末秋初) : 늦여름 초가을.

440) 임행시(臨幸時)에 : 떠나기 임박할 때에.

441) 곤전(坤殿) : 중궁전. 왕비가 사는 궁전. 왕비.

떠나지 말고 나 돌아오기를 기다려 좋이 있어라. 만일 그 간에 무슨 소식이 있거든 곧 전하라. 지금 떠남에 언제나 서로 상봉하랴? 원정(遠程)에 만환[443]할까 저어하노라' 하시니 기러기 대답하는 듯 응하여 울거늘, 공자 기러기 등을 어루만지시며 가장 사랑하시고, 가신 후로 지우금[444] 밖에 나가지 아니하옵기로, 궁녀 등이 밥을 주어 먹이옵더니, 요새에 밤이 당하오면 슬피 울거늘, 이상하오나 내전(內殿)이 초원[445]하옵기로 낭낭(娘娘)이 모르심이로소이다."

왕비 청파에[446] 시녀 등을 대책[447]하사 왈,

"그러하면 너희 등이 여태까지 내게 와 말하지 아니하였느냐?"

궁녀 등이 황공하여 머리를 숙여 대죄(待罪)하더라.

---

442) 창연(愴然) : 몹시 서운하고 섭섭함.

443) 만환(晩還) : 늦게 돌아옴.

444) 지우금(至于今) : 지금에 이르도록. 지금까지.

445) 초원(稍遠) : 제법 멂.

446) 청파(聽罷)에 : 다 들은 후에. 듣기를 다한 후에.

447) 대책(大責) : 크게 꾸짖음.

왕비 즉시 내리시어 기러기를 어루만지시며 낙루(落淚) 왈,

"네 비록 미물이나 네 임자 있는 곳을 알지어다. 서천에 들어가서 살았느냐? 망망한 대해 중에 죽어서 어별[448]의 밥이 되었느냐? 내 마음 답답하도다! 네 주인 만일 살았거든 내 앞에서 세 번만 울라."

하시니, 기러기 고개를 들더니 나래를 치며 큰 소리로 세 번을 울거늘, 왕비 일희일비(一喜一悲)하시며,

"네 정녕 아는가 싶으다."

하시고 즉시 성의 방중에 들어가 지필(紙筆)을 드니 흉중 답답하여 두 눈이 정신이 삭막한지라. 겨우 진정하여 일봉(一封) 서찰(書札)을 쓰며 왈,

"네 임자 살았으면 그곳을 찾아가서 내 편지를 전할쏘냐?"

하시니, 기러기 머리를 세 번 숙이거늘, 왕비 즉시 서찰을 기러기 다리에 매고 경계 왈,

"네 두 나래[449]로 창천만리[450] 다니는 재주가 있으니,

---

448) 어별(魚鼈) : 물고기와 자라.

449) 나래 : 날개.

부디 네 주인을 찾아 신전[451]하고 돌아와 전전불매(輾轉不寐)하는 내 마음을 덜게 하라. 기럭아! 네 돌아오기 전은 내 어찌 자리에 편히 눕기를 바라랴?"

하시며 만단(萬端)으로 정설(情設)하시니,[452] 기러기 소리를 세 번 지르고 두 나래 치며 중천(中天) 높이 떠서 백운(白雲)을 무릅쓰고 서북을 향하여 가는지라.

왕비 보고 깃거하여[453] 왈,

"천우신조(天佑神助)하여 성의의 소식을 들을는가?"

하시고 만만히[454] 환하시더라. 이때 궁중 시녀들도 모두 깃거하며 화기가 등등하더라.

이 말이 자연 전파되니, 세자 항의 듣고 기러기를 진즉 없애지 못함을 한탄하며 무용(武勇) 있는 무사를 불러 은밀히 말을 하되,

---

450) 창천만리(蒼天萬里) : 푸른 하늘의 한없이 먼 거리. 드높고 넓은 창공.

451) 신전(信傳) : 소식을 전함. 틀림없이 전함.

452) 만단(萬端)으로 정설(情設)하시니 : 여러 가지로 심정을 펼치시니.

453) 깃거하여 : 기뻐하여.

454) 만만히 : 부족함이 없이 넉넉하게.

"제가 비록 와룡지재[455]가 있어도 살지 못하리라."

하며 서로 귀에 대고 말은 하되 의심이 없지 않더라.

화설. 이때는 당년[456] 추(秋) 8월 망간[457]이라. 채란 공주 침전에 홀로 앉아 서책(書冊)을 상고[458]하다가 사창(紗窓)을 열고 내다보니 동정(東庭)에 비친 월색(月色) 삼경(三更)에 명랑하고, 금풍[459]은 소슬[460]한데 낙엽이 분분[461]하고 추수는 장천일색이라.[462] 심사 산란하여 백옥을 불러 왈,

"세월이 여류하여 어느 새에 중추절을 당한지라. 창외(窓外)에 오동잎이 떨어져 물색이 유감하니,[463] 호화(豪

---

455) 와룡지재(臥龍之才) : 와룡의 재주. '와룡'은 삼국 시대 촉한의 재상이었던 제갈량(諸葛亮)을 일컫는 말.

456) 당년(當年) : 그해.

457) 망간(望間) : 음력 보름께.

458) 상고(詳考) : 꼼꼼히 살핌.

459) 금풍(金風) : 가을바람.

460) 소슬(蕭瑟) : 으스스하고 쓸쓸함.

461) 분분(紛紛) : 흩날리는 모양이 뒤섞이어 어수선함.

462) 추수(秋水)는 장천일색(長天一色)이라 : 추수공장천일색(秋水共長天一色). 가을의 맑은 물은 넓은 하늘과 한가지 빛이다.

華)한 사람도 심사 비감(悲感)하니, 하물며 만리타국의 외로운 객(客)의 심사야 오죽 슬프리오?"

하니 백옥이 대(對) 왈,

"북천(北天)의 기러기는 남방으로 돌아오고, 연자(燕子)[464]는 강남으로 돌아가며, 대 수풀[465] 아래에 국화가 만발하고, 동방의 실솔[466]이 슬피 울어 사람의 수회(愁懷)를 돋우고, 신풍세우[467] 지는 잎은 옥로청풍[468] 붉었는데, 상엽이 홍어이월화[469]요, 금풍삽이습의하니[470] 옥우확이

---

463) 물색(物色)이 유감(有感)하니 : 모든 사물에 감정이나 느낌이 깃드는 듯하니.

464) 연자(燕子) : 제비.

465) 대 수풀 : 대숲.

466) 실솔(蟋蟀) : 귀뚜라미.

467) 신풍세우(迅風細雨) : 세게 휘몰아치는 바람과 가늘게 내리는 비.

468) 옥로청풍(玉露淸風) : 매우 맑고 깨끗하게 방울진 이슬과 부드럽고 맑은 바람.

469) 상엽(霜葉)이 홍어이월화(紅於二月花)요 : 서리 맞은 잎이 2월의 봄꽃보다 더 붉고. 두목(杜牧, 803~852)의 시 〈산행(山行)〉에 나오는 한 구절이다.

470) 금풍삽이습의(金風颯而襲衣)하니 : 가을바람 소슬히 불어 옷에 스며드니.

쟁영이라,[471] 왕발[472]의 문장이오. 추월색(秋月色)이 명랑하니 물색(物色)도 유감(有感)하고, 정마[473]는 슬피 울어 마루 아래 흘러들고, 유의(有意)한 두견성은 추월 강산 적막한데, 촉국 한이 어제오늘 아니건마는 지금에 피나게 울어 사람의 회포를 격동하고, 층층 화계[474]에 취란(翠鸞) 공작(孔雀)이 우짖을 제, 미풍이 건듯 불어 향내가 진동하오니, 소비(小婢) 등은 다만 옥주(玉主)를 모시고 금전옥대[475]에 단지 시봉[476]뿐이오나, 황상의 높으신 덕화(德化) 사해(四海)에 덮였사오니, 부귀(富貴) 영총(榮寵) 재상가(宰相家)에 영웅호걸 문장재사(文章才士) 오죽이 많으리까? 황후 낭낭(娘娘)의 넓으신 덕은 옛날 태임 태사[477]를 비하실지라. 그러하시므로 당시[478] 옥주 같으신

---

471) 옥우확이쟁영(玉宇廓而崢嶸)이라 : 하늘이 맑게 개어 높고도 높구나.

472) 왕발(王勃, 647~674) : 중국 당나라 전기의 유명한 시인.

473) 정마(征馬) : 먼 길 가는 말. 나그네 말.

474) 층층(層層) 화계(花階) : 층층으로 꽃이 피어 있는 화단.

475) 금전옥대(金殿玉臺) : 화려한 궁전의 옥 같은 누각과 돈대.

476) 시봉(侍奉) : 받들어 모심.

만세 영낭(令娘) 두심에 만민의 복인가 하나이다."

공주 청파(聽罷)에 미소(微笑) 왈,

"네 말이 그러하나 내 어찌 만민지복(萬民之福)이 되리오. 나와 너희 등 같은 자는 여초목으로 동귀라.[479] 사람이 세상에 날진대, 천하의 대장부 몸이 되어 영준 호걸지풍채[480]를 가져, 위로 성상(聖上)을 섬기고 아래로 만민을 다스려 천추 명전[481]을 못하고, 일단 심규[482]만 지킬 따름이라 무슨 소원을 이루리오?"

하더라.

이때 춘란이 왈,

"당시 즉경이[483] 가려하와[484] 무한한 심사를 자아내거

---

477) 태임(太任)·태사(太姒) : 문왕과 무왕 등의 성군을 기른 두 현모.

478) 당시(當時) : 지금. 이때.

479) 여초목(如草木)으로 동귀(同歸)라 : 초목과 같은 곳으로 돌아간다.

480) 영준(英俊) 호걸지풍채(豪傑之風采) : 영민하고 준수한 호걸의 풍채.

481) 천추(千秋) 명전(名傳) : 오래고 긴 세월에 이름을 전함.

482) 일단 심규(深閨) : 한갓 부녀자가 거처하는 깊숙한 안방.

483) 당시 즉경(卽景)이 : 지금 이 자리에서 보는 광경이나 경치가.

484) 가려(佳麗)하와 : 곱고 아름다워서.

늘 하물며 고국을 떠나 만리타향에 고초[485]하는 사람이야 일러 무삼[486] 하리오? 바라건대 옥주(玉主) 낭낭(娘娘)은 소동(小童)을 한번 청하사 외로운 심사를 위로하심이 좋을까 하나이다."

하거늘 공주 묵언양구(默言良久)에 왈,

"인정은 본디 그러하나 외간 남자를 자주 불러 보기가 청문[487]에 괴이하고 예모(禮貌)를 손상할까 저어하노라. 그러나 네 이미 발설하였으니 청하여 오라."

백옥이 승명(承命)하고 즉시 후원에 나아가 성의를 부르니, 이때 성의 몸이 곤비[488]하여 바야흐로 자더니, 부르는 소리에 깨달아 앉으며 왈,

"뉘라서 나를 찾느뇨?"

하거늘 백옥이 대(對) 왈,

"내로라."

하니, 성의 공주 시녀 백옥인 줄을 알고 반가운 마음이

---

485) 고초(苦楚) : 괴롭고 쓰라림.

486) 무삼 : 무엇.

487) 청문(聽聞) : 들리는 소문. 남의 이목.

488) 곤비(困憊) : 고달파서 힘이 없음.

측량없어[489] 잠깐 혜오되,

'아까 꿈이 비상[490]하니 오늘 무슨 좋은 일이 있을는가?'

하여 대답하여 왈,

"그대 귀궁(貴宮) 시녀로서 이런 심야에 날 같은 천한 인생을 찾으니 무슨 일이 있느뇨?"

백옥이 대 왈,

"옥주(玉主) 그대를 청하시기로 왔노라."

하거늘, 성의 즉시 옷을 고쳐 입고 백옥을 따라 금각전에 이르니, 공주 반겨 자리를 주고 문 왈,

"그간 객고(客苦)[491]가 어떠하뇨?"

성의 대 왈,

"성상(聖上)의 하해(河海) 같은 은택을 입사와 아직 일신이 평안하여이다."

하니, 공주 시녀를 명하여 옥반(玉盤)에 진수성찬을 갖추어 성의 앞에 놓고 향온주(香醞酒)를 기울여 옥배(玉盃)에 가득 부어 권권 상진하니[492] 성의 민졸한[493] 마음

489) 측량(測量)없어 : 헤아릴 수 없어.

490) 비상(非常) : 예사롭지 않고 특별함.

491) 객고(客苦) : 객지에서 고생을 함. 객지의 고생.

을 이기지 못하더라. 인하여 상을 물리고 단저도 불며 거문고도 희롱하며, 각각이 글을 지어 화답하여 서로 칭찬하며 작작[494]하더니, 월색(月色)이 명랑(明朗)하여 산호주렴[495]에 비치는데, 실솔성[496] 슬피 울어 사람의 회포를 자아내고, 전정(殿庭)의 국화꽃은 추구수심[497] 띄어 있고, 타향의 가을 소리가 원객수회[498] 돋우운다.

월정명 야삼경[499]에 비금[500]은 수풀에 자고, 주수[501]는 굴에 들어 천지가 고요한데, 홀연 들리는 소리 나거늘 모두 잠잠히 앉아 듣더니, 문득 동남으로서 기러기 슬피

---

492) 권권(眷眷) 상진(常賑)하니 : 가엽게 여겨 돌보아 먹이니.

493) 민졸(惛脺)한 : 민망하고 약한.

494) 작작(綽綽) : 언동이나 태도 따위가 여유가 있는 모양.

495) 산호주렴(珊瑚珠簾) : 산호 구슬로 꿰어 만든 발.

496) 실솔성(蟋蟀聲) : 귀뚜라미 소리.

497) 추구수심(秋九愁心) : 늦가을의 근심.

498) 원객수회(遠客愁懷) : 멀리 떠나 온 나그네의 근심스런 회포.

499) 월정명(月靜明) 야삼경(夜三更) : 고요한 달빛 밝은 깊은 밤.

500) 비금(飛禽) : 날짐승.

501) 주수(走獸) : 길짐승.

울며 점점 가까이 오더니 반공(半空)에 높이 떠서 금각전(金閣殿)을 향하여 울고 돌아다니거늘, 공주와 좌우 시녀 난간에 내려 명랑(明朗)한 달 아래의 하늘을 우러러 살펴보며 심히 괴이히 여겨 서로 볼 즈음에, 성의 기러기 우는 소리를 듣고 정신이 아득하여 가슴이 찢어지는 듯한지라. 진정하여 생각하되,

'기러기 분명 내가 기르던 기러기로다. 만일 다른 기러기 같을진대 가지 않고 내 앉은 전각 위에서 이제까지 소리 질러 나의 심장을 상(傷)울쏘냐. 이내 심사 둘 데 없다. 소리는 듣는다마는 눈은 어이 못 보는고?'

하며 애갈자진[502)]하여 여광여취[503)]가 되는구나. 넋이 없이 앉았더니, 기러기 점점 날아 내리더니 두 나래를 반만 펴고 궁전 사면으로 돌며 슬피 우니, 유의한[504)] 저 기러기 주인 찾는 줄을 그 뉘라 짐작하리?

공주와 모든 시녀 심신이 비월하여[505)] 만단 의혹하더

---

502) 애갈자진(哀竭自盡) : 슬픔이 극에 달해 자신을 가누지 못함.

503) 여광여취(如狂如醉) : 미친 듯도 하고 취한 듯도 하다는 뜻으로, 이성을 잃은 것 같은 상태를 이름.

504) 유의(有意)한 : 생각이 있는. 의미를 지닌.

니,[506] 기러기 금각전 난간을 날개로 치며 일(一) 고성(高聲)을 지르더니 성의 앞에 들어와 앉으며 목을 늘여 슬피 울더니, 고개를 들어 성의의 몸을 이치니,[507] 성의 그제야 자기 기르던 기러기 온 줄 쾌히 알고 급히 두 손으로 기러기를 덥석 안고 온몸을 어루만지며 체읍낙루[508] 왈,

"네가 이제 나를 찾아 여기 오니 반드시 중전께서 승하[509]하시도다."

언파에[510] 기러기 목을 안고 혼절[511]하거늘 좌우 시녀 급히 구완할새, 공주 신기함을 이기지 못하여 자세히 살펴보니 기러기 다리에 일봉(一封) 서찰이 매였거늘, 바삐 끌러보니 피봉[512]에 하였으되,

---

505) 비월(飛越)하여 : 멀리 날아가서.

506) 만단(萬端) 의혹(疑惑)하더니 : 여러 가지로 의심하며 이상하게 여기더니.

507) 이치니 : 거치적거리어 일에 방해되니.

508) 체읍낙루(涕泣落淚) : 흐느껴 울면서 눈물을 흘리다.

509) 승하(昇遐) : 임금이나 중전이 세상을 떠남.

510) 언파(言罷)에 : 말이 끝남에. 말을 마침에.

511) 혼절(昏絕) : 정신이 아찔해 까무러치다.

512) 피봉(皮封) : 겉봉.

'안평국 국모는 아자(兒子)[513] 성의에게 부치노라.'

하였거늘, 공주 보고 내심(內心)에 경희하여[514] 왕공자(王公子)인 줄을 알고 위로 왈,

"기러기 다리에 서찰을 매고 왔으니, 공자는 정신을 진정하소서. 내 떼어 보리이다."

성의 일성[515] 체읍하다가 진정하여 공주를 향하여 사례 왈,

"옥주(玉主) 귀하신 몸이 천신(賤身)으로 인연하사 이다지 수고하시니 불승황공[516]하오나, 편지를 보시면 듣기를 바라나이다."

하거늘 공주가 친히 봉서(封書)를 떼어 보니 하였으되,

> 모년(某年) 모월(某月) 모일(某日)에 안평국 국모(國母)는 일봉 서찰을 아자(兒子) 성의에게 부치노라.
>
> 슬프도다! 세상사를 가히 측량키 어렵도다! 조물(造物)

513) 아자(兒子) : 아이. 여기서는 아들.

514) 경희(驚喜)하여 : 뜻밖의 일에 놀라고 기뻐서.

515) 일성(一聲) : 큰소리로. 소리를 내며.

516) 불승황공(不勝惶恐) : 황공함을 이기지 못함.

이 시기하여 이 몸에 병이 듦에 회춘[517]이 망연[518]이라. 아자 성의 병든 어미를 위하여 죽기를 무릅쓰고 슬하를 떠난 지 장차 오랜지라. 12세 어린아이 출천효성(出天孝誠)으로 도인의 말을 듣고, 망망창해[519] 중에 서역이 어디라고 연파[520] 누만 리를 편주[521]에다 몸을 실어 도도발섭[522]하여 떠날 적에, 날더러 이른 말이 '그간 보중(保重)하옵소서. 정성으로 서천에 들어가 일영주를 얻어 즉시 돌아와 병을 낫게 하마' 하더니. 지극한 네 효성을 명천(明天)이 감동하사 일영주를 얻었느냐? 일거(一去) 소식 돈절하니[523] 병석에 있는 몸이 너를 생각하면 슬픈 마음 여광여취가 되는구나.

부질없는 안달[524] 마음 직발[525]할 제, 만경창파 녹

---

517) 회춘(回春) : 중한 병이 낫고 다시 건강을 돌이킴.

518) 망연(茫然) : 아득함.

519) 망망창해(茫茫蒼海) : 아득히 멀고 푸른 바다.

520) 연파(煙波) : 안개가 자욱한 멀고 먼 바다.

521) 편주(片舟) : 작은 배. 조각배.

522) 도도발섭(滔滔跋涉) :넘쳐흐르는 물을 건너 길을 감.

523) 일거 소식 돈절(頓絕)하니 : 한번 떠나고는 소식이 딱 끊어지니.

수[526] 중에 어별[527]의 밥이 된가? 풍파(風波)에 떠밀려서 어느 지방에 의탁한가? 주소 불매하야[528] 병이 점점 더하더니, 일일은 네 형이 네 소식 탐지하러 간다 하고 가더니, 너는 오지 아니하고 네 형이 일영주를 가지고 와서 하기를 '서역은 불국(佛國)이라. 극락한 향안세계[529]인 고로 불고부모[530]하고 부귀를 뜬구름같이 알아, 성의 진세[531]를 잊었사오니 없는 듯이 여기소서' 하며 '선관을 만나 일영주를 얻어 왔노라' 하고 드리거늘, 내 정녕 믿지 못하나 일영주를 먹은 후에 백병이 물러감에 내 몸은 회춘이 되었으나, 불순(不純) 불칙(不則)한 네 형이 중로에 가더니, 일영주는 오고 너는 오

---

524) 안달 : 속을 태우며 조급하게 구는 일.

525) 직발(卽發) : 곧바로 일어남. 즉시 일어남.

526) 녹수(綠水) : 시퍼렇고 깊은 물속.

527) 어별(魚鼈) : 물고기와 자라.

528) 주소(晝宵) 불매(不寐)하야 : 밤낮으로 잠을 이루지 못해.

529) 향안세계(香案世界) : 향계(香界). 후대에 이르러 '절'을 가리키는 의미로 사용되었다.

530) 불고부모(不顧父母) : 부모를 돌아보지 않음.

531) 진세(塵世) : 티끌세상. 속세.

지 아니하니 불칙한 네 형에게 해를 당한가 싶어 주야에 의심이라.

일일은 네 거처를 나아가 보니 너 쓰던 수용물(需用物)과 너 기르던 기러기가 의구히 있더구나. 심사를 둘 데 없어 통곡하더니, 기러기 따라 울거늘 괴이하여 경설하니[532] 응하거늘, 마음에 신기하여 일장 서간을 기러기에게 부치노니 어찌 일희일비(一喜一悲)가 아닐쏘냐? 지극한 너의 효성 대순[533] 증자[534]를 비길지니, 너의 효성을 믿고 안송[535]하노라. 부왕(父王) 성후[536]도 무강[537]하시니 그리 알고, 너의 소식 듣기 일각이 여삼추 하니, 소식을 안 연후에 이제 죽어도 무슨 한이

---

532) 경설하니 : 다시 말하니. 또는 쳐다보며 말하니.

533) 대순(大舜) : 순임금. 순임금이 완악한 부친 고수(瞽瞍)의 박해에도 불구하고 시종일관 어버이 모시는 도리를 다하자 고수도 기뻐하게 되었다는 고사가 있다. 증자와 함께 효도의 대명사로 일컬어진다.

534) 증자(曾子, BC 505~BC 436) : 중국 춘추 시대 노나라의 유학자. 자는 자여(子輿)로 공자의 제자이며 효의 상징적 존재다.

535) 안송(雁送) : 기러기 편에 보냄.

536) 성후(聖候) : 임금 신체의 안위.

537) 무강(武康) : 굳세고 편안함.

있을쏘냐. 네 만일 내 수서[538]를 받아 보거든 속속히 회답하여 안송하라. 무궁한 말을 어찌 다 기록하리오.

하였더라.

538) 수서(手書) : 손으로 직접 쓴 편지. 손아래 사람에게 쓴 자신의 편지.

적성의전
하권

각설(却說). 이때 성의 정신을 진정하여 편지를 듣기를 다하매 가슴이 찢어지는 듯하고 간장이 녹는 듯, 일변[1] 반갑고 일변은 슬픈지라. 정신이 쇄락[2]하여 바삐 일어나 편지를 향하여 사배[3]하려 할 제, 문득 두 눈이 불빛이 일어나며 번개같이 뜨이니, 비컨대 청천백일[4]이 흑운[5]을 헤침 같고, 칠야[6] 삼경[7]에 명월(明月)을 대한 듯, 일변 반갑고 길거운[8] 마음을 어찌 다 성언하리오.[9] 천지[10] 감동하사 상한 눈을 다시 보니 일월이 명랑(明朗)하여 의구히 비치도다. 생시인지 몽중인지 깨닫지 못할러라. 정신이 쇄

1) 일변(一邊) : 어느 한 부분은. 한편으로는.

2) 쇄락(灑樂) : 상쾌하고 깨끗함.

3) 사배(謝拜) : 감사하는 마음으로 올리는 절.

4) 청천백일(晴天白日) : 맑은 하늘의 밝은 해

5) 흑운(黑雲) : 검은 구름. 먹구름.

6) 칠야(漆夜) : 칠흑같이 어두운 밤. 캄캄한 밤.

7) 삼경(三更) : 한밤중. 저녁 열한 시부터 새벽 한 시 사이.

8) 길거운 : 기쁜. 즐거운.

9) 성언하리오 : 형언하리오. 말로써 나타내리오.

10) 천지(天地) : 하늘과 땅. 온 세상. 대단히 많이.

락하여 좌중을 살펴보니 일위[11] 공주 시녀를 데리고 화문등메금나석상[12]에 단정히 앉았으니 옥안운빈[13]이며 천태만교[14]가 진짓[15] 절대가인[16]이요 만고의 절색이라. 양태[17] 진실로 월나라의 서시[18]같고 월궁항아[19] 광한전[20]에 조회[21]하는 듯, 서왕모[22] 요지연[23]에 배설[24]한가 싶

---

11) 일위(一位) : 한 분. 한 사람.

12) 화문등메금나석상 : 비단에 꽃무늬를 수놓은 앉을 자리. '화문(花紋)'은 꽃무늬이고, '등메'는 헝겊으로 가선을 두르고 뒤에 부들자리를 대서 꾸민 돗자리이며, '금나석상(錦羅席上)'은 비단 자리다.

13) 옥안운빈(玉顔雲鬢) : 여자의 귀밑으로 드리워진 탐스러운 머리털을 함박송이 같은 구름에 비유한 말로서, 아름다운 미인을 일컬음.

14) 천태만교(千態萬嬌) : 모든 아름다움과 귀여움을 드러내는 태도.

15) 진짓 : 참으로.

16) 절대가인(絕代佳人) : 세상에 다시없는 아리따운 여인.

17) 양태(樣態) : 모습과 태도.

18) 서시(西施) : 중국 춘추 시대 월(越)나라의 미인.

19) 월궁항아(月宮姮娥) : 월궁 속의 선녀 항아(姮娥)라는 뜻으로, 미인을 비유해 이르는 말.

20) 광한전(廣寒殿) : 달 속에 있다고 전하는 항아(姮娥)가 사는 전각.

21) 조회(朝會) : 벼슬아치들이 아침 일찍이 정전(正殿)이나 편전(便殿)에 모여 임금에게 문안을 드리고 정사(政事)를 아뢰던 일.

도다. 기러기 편지를 전하니 정녕 요지연이로다.

한번 봄에 정신이 황홀한지라 심신이 비월하여[25)]주저하더니, 이때 공주 손으로 봉미선[26)]을 들어 앞을 가리고 낭랑한 소리로 행운유수[27)]같이 닫더니[28)] 천만의외에 성의 두 눈을 떠 유정(有情)히 살핌을 보고, 공주 혼백이 비월하고 마음이 경동[29)]하여 나삼[30)]을 들어 옥면(玉面)을 가리고 완보[31)]를 정히[32)] 옮겨 침전으로 들어갈새, 춘란

---

22) 서왕모(西王母) : 옛날 중국에서 받들었던 선녀.

23) 요지연(瑤池淵) : 구슬의 연못으로, 신선이 산다는 곳. 혹은 중국 곤륜산에 있다는 못으로, 주나라 목왕이 서왕모를 만났다고 하는 곳.

24) 배설(排設) : 자리를 정해 안배함. 의식에 쓰는 물건을 차려 놓음.

25) 비월하여 : 멀리 날아가서. 날아오르는 듯하여.

26) 봉미선(鳳尾扇) : 봉황새의 꽁지 모양으로 만든 부채.

27) 행운유수(行雲流水) : 떠가는 구름과 흐르는 물이라는 뜻으로, 일을 거침없이 처리하거나 마음씨가 시원시원하고 씩씩함을 이르는 말.

28) 닫더니 : 나아가더니. 유유히 편지를 읽는 솜씨를 비유한 듯하다.

29) 경동(驚動) : 깜짝 놀람.

30) 나삼(羅衫) : 부녀자들의 구식 예복의 한 가지. 비단으로 수를 놓고 지은 적삼이다.

31) 완보(緩步) : 천천히 걸음.

등이 또한 놀래어 일시에 공주를 좇아 들어가고, 성의 홀로 앉아 그 서간을 다시 보니 모친을 뵈온 듯하더라. 안광이 더욱 명랑하여 비록 칠야[33]나 한 글자도 희미함이 없어 재삼[34] 보아도 분명한 모친의 친필이라. 한 번 보고 두 번 보니 비회 교집하여,[35] 아무리 할 줄 몰라[36] 흔흔히[37] 앉았더니, 차시(此時) 공주 돌아가 춘란으로 하여금 말씀을 전하여 왈,

"천고에[38] 기이하고 이상한 일이라 치하함을 층양치[39] 못하거니와 그대 근본을 일정[40] 기임은[41] 진실로 아녀자

---

32) 정(靜)히 : 조용히.

33) 칠야(漆夜) : 칠흑같이 깜깜한 밤.

34) 재삼(再三) : 두세 번.

35) 비회(悲懷) 교집(交集)하여 : 슬픈 생각이 번갈아 생겨서.

36) 아무리 할 줄 몰라 : 어찌할 줄 몰라.

37) 흔흔(欣欣)히 : 마음에 매우 기쁘고 흡족하게.

38) 천고(千古)에 : 아주 먼 옛날 이래로.

39) 층양치 : 칭량(稱量)치 혹은 측량(測量)치. 사정이나 형편을 헤아리지.

40) 일정(一定) : 정해져서 한결같이 움직이지 않음.

41) 기임은 : 숨김은. 어떤 일을 숨기고 사실 그대로 말하지 아니함은.

의 태도라. 그러나 이제로부터 내외현격[42] 하였으니 다시 뵈올 의논은 고사하고, 지난 일을 생각하오면 참교[43]함이 많사오나, 바라건대 귀체[44] 안보(安保)하소서."

하거늘, 성의 청파(聽罷)에[45] 사례(謝禮) 왈,

"소국 천인이 옥주(玉主)의 하해지택[46]으로 관대하심을 입사오니, 그 은덕을 생각하오면 태산 낮사옵고 하해가 얕은지라. 결초보은(結草報恩)[47]하려 하옵더니 천도(天道)[48] 유의하사[49] 고목이 생화하고,[50] 절처에 봉생하여[51]

---

42) 내외현격(內外懸隔) : 부녀가 외간 남자와 바로 얼굴을 대하지 않고 서로 사이 뜨게 떨어짐.

43) 참교 : 참괴(慙愧). 허물을 부끄러워 함.

44) 귀체(貴體) : 상대자를 높여 건강 상태를 물을 때 상대자의 '몸'을 이르는 말.

45) 청파(聽罷)에 : 다 들은 후에. 다 듣고 나서.

46) 하해지택(河海之澤) : 큰 강이나 바다처럼 넓은 덕택.

47) 결초보은(結草報恩) : '죽어 혼령이 되어도 은혜를 잊지 않고 갚음'이란 뜻으로, 남의 은혜를 깊이 느낄 때 하는 말.

48) 천도(天道) : 천지자연의 도리.

49) 유의(留意)하사 : 마음에 두어 주의하거나 관심을 가져서.

50) 고목(枯木)이 생화(生花)하고 : 말라 죽은 나무에서 꽃이 피고. 곤궁한 처지에 빠졌던 사람이 행운을 만나게 된 것을 비유하는 표현.

두 눈이 열려 만물을 다시 보고 부모의 안후[52]를 듣사오니 기쁜 마음 칭량이 없사오나,[53] 자금[54] 이후로 화산(華山)이 길이 멀고 약수(弱水)가 깊사오니 다시 뵈올 기약이 묘연[55]한지라, 창결[56]함을 어찌 다 칭량하오리까. 그러나 귀체(貴體) 안강[57]하옵소서."

하고 춘란 등을 작별하고, 인하여 기러기를 안고 후원에 돌아와 기러기 등을 쓰다듬어 왈,

"네 비록 미물[58]이나 능히 만 리 외의 소식을 전하여 부왕의 기후[59]와, 모비의 환후[60] 평복[61]함을 알게 하니 이

---

51) 절처(絕處)에 봉생(逢生)하여 : 꼼짝달싹할 수 없이 막다른 판에 요행히 살길이 생겨서.

52) 안후(安候) : 편안하다는 소식.

53) 칭량(稱量)이 없사오나 : 양을 잴 수가 없으나.

54) 자금(自今) : 지금부터.

55) 묘연(杳然/渺然) : 소식, 행방 등이 알 길이 없이 까마득함.

56) 창결(惝觖) : 몹시 서운하고 섭섭함.

57) 안강(安康) : 평안하고 건강함.

58) 미물(微物) : 인간에 비해 보잘것없는 것이라는 뜻으로, '동물'을 이르는 말.

59) 기후(氣候) : 몸과 마음의 형편.

제로 죽어도 한이 없을지라. 내가 이곳에 있는 줄을 네가 어찌 알았는다? 만일 너곧 아니었으면 내 어찌 눈을 떠서 일월을 다시 보리오? 기러기 은공(恩功)을 이승에서는 다 갚지 못하리로다."

하고 다시 칭찬 왈,

"한 무제(漢武帝) 시절에 중랑장 소무[62]는 흉노 나라에 사신 갔다가 19년이 되매, 기러기 발에 글을 매어 상림원[63]의 소식을 통하여 본국에 돌아갔으니, 아마도 네가 백안[64]의 후신이로다."

하고 날이 새기를 기다리더라.

이때에 춘란이 성의의 답언(答言)을 들었다가 공주에게 고하며 서로 참괴[65]함을 말하며, 성의의 일을 칭송하고 희한함을 못내 흠선[66]하더라. 공주는 내렴[67]에 결연[68]

---

60) 환후(患候) : 웃어른의 병.

61) 평복(平復) : 병이 나아져 건강을 회복함.

62) 소무(蘇武) : 중국 전한(前漢)의 충신.

63) 상림원(上林苑) : 중국 장안(長安)의 서쪽에 있던 한나라의 정원.

64) 백안(白雁) : 흰 기러기.

65) 참괴(慙愧) : 부끄러워함. 부끄러움.

함을 이기지 못하여 심사 울울[69]하는 중일러라.

날이 장차 밝으매 성의 기러기를 품에 품고 호 승상 집을 나아가니 승상이 의혹하여 이윽히 보시다가 문밖에 내달아 성의의 손을 잡고 일경일희[70] 하시며 물어 왈,

"천지 신명하시도다. 네 어찌하여 안목이 일조에[71] 밝았느뇨?"

하시거늘, 성의 일어나 재배하고 이때서야 비로소 자초지종을 낱낱이 고한대, 승상이 듣기를 다함에 신기함을 못내 칭찬하시며 왈,

"이런 일은 만고에 드문지라."

하고 희색이 만안[72]하더니 즉시 궐내에 들어가 파조[73]

---

66) 흠선(欽羨) : 우러러 흠앙(欽仰)해 부러워함.

67) 내렴(內念) : 마음속.

68) 결연(缺然) : 서운함.

69) 울울(鬱鬱) : 막혀서 답답함.

70) 일경일희(一驚一喜) : 한편으로 놀라면서, 또 한편으로는 기뻐함.

71) 일조(一朝)에 : 하루아침에.

72) 만안(滿顔)하다 : 얼굴에 가득함.

73) 파조(罷朝) : 조회를 마침.

한 후에 성의 눈뜬 사연과, 안평국 왕자로 모병(母病)을 위하여 서역에 가 일영주를 얻어 돌아오다가 해상에서 패를 보아[74] 표류하여 고초하던 사연을 낱낱이 주달한대,[75] 상(上)이 들으시고,

"즉시 성의를 입시[76] 하라."

하시고 신기함을 다 이루 칭량치 못하시더라. 승상이 즉시 승명(承命)하고 물러 나와 황제 하교(下敎)를 전하시며, 성의를 데리고 황궐(皇闕)에 들어가 옥계[77] 아래에 복지사배[78]한대, 천자 인견[79]하시어 성의의 손을 잡으시고 가라사대,

"네 본디 옥경[80] 선동(仙童)으로 하계(下界)에 적강함이로다.[81] 짐이 오늘날 네 거동을 보니 백옥경[82]에 노는

---

74) 패를 보아 : 낭패를 보아.

75) 주달(奏達)한대 : 임금께 아뢰어 알게 하자.

76) 입시(入侍) : 대궐에 들어가 왕을 알현함.

77) 옥계(玉階) : 대궐 안의 섬돌. 섬돌은 돌계단 또는 돌층계.

78) 복지사배(伏地四拜) : 땅 위에 엎드려 네 번 하는 절.

79) 인견(引見)하시어 : 윗사람이 아랫사람을 불러 만나 봄.

80) 옥경(玉京) : 하늘나라의 수도. 백옥경.

신선 향안전(香案前)에 근시[83] 한 듯싶으니 진세(塵世)간의 기남자라."

하시고 호 승상을 돌아보사 왈,

"경의 지인지감[84]은 타인이 미치지 못하리로다."

하시며 성의를 못내 사랑하시고 가라사대,

"아직 성의를 경의 집에 머무르게 하라. 내 저로 하여금 의중지인[85]을 삼으리라."

하시고, 상이 즉시 내전에 들어가사 희색이 만안하시니 황후 문 왈,

"폐하! 무슨 길거옴이[86] 계시관대 천안(天顔)에 희색이 가득하시니까?"

---

81) 하계(下界)에 적강(謫降)함이로다 : 인간 세계에 귀양살이 옴이로다.

82) 백옥경(白玉京) : 하늘 위 옥황상제(玉皇上帝)가 산다는 서울.

83) 향안전에 근시(近侍) : 옥황상제의 향안(香案) 앞에서 가까이 모시던 선관.

84) 지인지감(知人之鑑) : 사람을 잘 알아보는 능력.

85) 의중지인(意中之人) : 마음속에 새겨져 잊을 수 없는 사람. 혹은 마음속으로 지목한 사람.

86) 길거옴이 : 기쁨이. 즐거움이.

상이 환열[87]하신 말씀으로,

"금조에[88] 공주의 배우[89]를 얻었기로 자연 길거하나이다."

황후 문 왈,

"어떠한 사람이니까?"

천자 가라사대,

"전일 단저 불던 아해[90]라. 호 승상이 남일국에 갔다 회환 시에 데리고 왔거늘, 비록 아름다운 마음이 간절하나 눈이 어둡기로 매양 애닯아 하더니, 이제 두 눈을 떠서 일월을 다시 보고, 그 근본을 알고 보니 강남 안평국 왕자라. 제 실상을 들으니 또한 효자라 무슨 의심이 있으리까? 본대 강남이 길이 수로로 연파(煙波) 누만 리인 고로 간삼년하여[91] 조회[92]를 받나니 이제 성의 어찌 근본을 속이며,

---

87) 환열(歡悅) : 즐겁고 기쁨.

88) 금조(今朝)에 : 오늘 아침에.

89) 배우(配偶) : 배필(配匹). 부부로서의 짝.

90) 아해(兒孩) : 아이.

91) 간삼년(間三年)하여 : 3년을 간격으로 하여.

92) 조회(朝會) : 관리가 조정에 나아가 임금을 뵙던 일.

내 보건대 진짓[93] 왕자의 기상이요, 진세(塵世) 간(間) 호걸지상(豪傑之像)이오니 이런 영재를 다시는 보지 못할지니, 내 생각건대 옥제[94] 채란으로 더불어 배필 정하신가 하나이다."

하시거늘, 황후 들으시고 길거하사 다시 불러 친견하심을 청한대, 상이 즉시 예관(禮官)을 명초[95]하사 성의를 부르시니, 성의 내전에 들어가 계하(階下)에서 배알(拜謁)하온대, 황후 성의를 오르라 하시어 가까이 앉히고 이윽히 보시다가 칭찬 왈,

"명월(明月)이 구름을 흩어 젖히고 광일(光日)이 안개를 벗어남과 같도다!"

하시고 진주 보패[96]와 봉익선[97]을 사급[98]하시니. 이때 공주 금각전에서 성의를 작별한 후로 피차 소식이 막막

---

93) 진짓 : 참으로.

94) 옥제(玉帝) : 옥황상제가.

95) 명초(命招) : 임금의 명령으로 신하를 부르는 일.

96) 보패(寶貝) : '보배'의 본딧말.

97) 봉익선(鳳翼扇) : 봉의 날개로 만든 부채.

98) 사급(賜給) : 내려 줌.

함에 시시로[99] 한하더니,[100] 문득 황후 낭낭[101]이 성의를 불러 보신단 말을 듣고 내심에 깃거[102] 즉시 춘란을 데리고 황후 침전에 들어가 주렴(珠簾) 사이로 흘려 보니, 관옥(冠玉) 같은 얼굴이며 엄정한 기상이 늠름하고 안채[103]가 황홀하여 샛별 같은지라. 당당한 골격이 일대 영걸(英傑)이요 만고의 영웅이라. 그 아름다운 거동을 봄에 새로이 반가웁고, 연연낙낙[104]하나, 전일 서로 지내던 일을 생각하니 스스로 부끄러운 마음이 나는지라, 못내여 하더니,[105] 차시(此時)에 상이 황후로 더불어 동좌[106]하시고 성의와 문답하실새 보는 자 뉘 아니 칭찬하리오? 성의 시

99) 시시(時時)로 : 이따금. 때때로.

100) 한하더니 : 한탄하더니. 아쉬워하더니.

101) 낭낭(娘娘) : 왕비나 왕족 여인 또는 귀족의 아내를 높여 이르는 말.

102) 깃거 : 기뻐서. 즐거워서.

103) 안채(眼彩) : 안광(眼光). 눈의 정기. 눈에서 비치는 생생한 기운.

104) 연연낙낙(戀戀落落) : 그리움을 못 이겨 단념하지 못하고 쓸쓸해 하는 모양.

105) 못내여 하더니 : (부끄러운 마음이) 못나게 하더니. 또는 못나다 여기더니.

106) 동좌(同坐)하다 : 한자리에 앉음. 같은 자리에 앉음.

서(詩書) 백가어(百家語)를 무불통지[107]하니 금세의 대재(大才)요, 언사(言辭)가 정숙하니 황제와 황후 성심이 환열[108]하사 호 승상을 돌아보사 왈,

"성의는 그대로 인연한 사람이라. 데리고 나아가 착실히 거두어라."

하시고 못내 하시더라. 승상이 승명(承命)하고, 성의를 데리고 집에 돌아와 후원 서당에 거처를 정하고 극히 애중(愛重)하고 극진 공대하여 존빈[109]으로 대접하니, 성의의 풍채 일일(日日) 배승하고[110] 이백(李白)과 두보(杜甫)의 문필이며, 백만의 장수가 되어 전필승공필취[111]하던 한신[112]의 지용(智勇)을 겸하였으니 천지간의 기남자(奇男子)라. 보는 사람이 흠송[113]치 아니할 이 없더라.

---

107) 무불통지(無不通知) : 꿰뚫어 알지 못하는 것이 없음.

108) 환열(歡悅) : 매우 기뻐함.

109) 존빈(尊賓) : 지체 높은 손님.

110) 일일(日日) 배승(倍勝)하고 : 나날이 곱절로 뛰어나고.

111) 전필승공필취(戰必勝功必取) : 싸우면 반드시 이기고 공을 반드시 이룸.

112) 한신(韓信) : 중국 한나라 고조의 장수. 소하(蕭何) · 장양(張良)과 더불어 한나라 창업 삼걸(三傑)의 한 사람이다.

차시(此時)에 호 승상이 슬하에 아들이 없고 다만 한 딸을 두었으되 얼굴이 국색[114]이요 백사(百事) 민첩하여 효행이 특이하니 진짓 요조숙녀[115]라. 승상 부부 극히 애중하더니 일일은 승상이 부인을 대하여 탄(嘆) 왈,

"우리 노래[116]에 남자를 두지 못하고 다만 여아를 길러 나이 방년[117]이라. 택서[118]하기를 널리 하되 마땅히 구치 못하오니 여아의 혼사가 태만[119]하도다."

하시거늘. 부인이 대(對) 왈,

"첩이 듣사오니 서당에 유하는[120] 서동[121]을 승상께서 데려왔으매, 금일로 보올진대 영준호걸(英俊豪傑)이라

---

113) 흠송(欽頌) : 공경하고 기리다.

114) 국색(國色) : 나라 안에서 제일 아름다운 여자를 이르는 말.

115) 요조숙녀(窈窕淑女) : 마음씨가 얌전하고 자태가 아름다운 여성.

116) 노래(老來) : 늘그막. 늙어가는 판. 늙을 무렵.

117) 방년(芳年) : 20세 전후의 꽃다운 나이.

118) 택서(擇壻) : 사윗감을 구함.

119) 태만(太晩) : 아주 늦음.

120) 유(留)하는 : 머무르는.

121) 서동(書童) : 글공부하는 아이. 학동.

하시며 어찌 그다지 근심하시니까. 이 사람으로 하여금 여아의 혼사를 이루면 좋을까 하나이다."

승상이 탄(嘆) 왈,

"그 소년이 당당한 왕자의 기상이라. 우리 여아는 한낱 군자 배필이요 왕후지기[122]는 없는지라."

하시고 왈,

"당시에 공주의 방년(芳年)이 15세라, 성의로 간택에 뽑힐지라. 향일[123]에 궁인의 말을 들으니 공주의 현숙함이 전일 영양 공주에게 지낸다[124] 하니 이는 반드시 성의에게 정한 배필이라 어찌 의혼(議婚)하리이까?"

부인이 청파(聽罷)에 깨달으시더라.

각설. 이때는 황제 즉위 13년 춘삼월이라. 춘풍은 유의(有意)하여 만물을 자생(自生)하고, 십이원중[125]에 봄이 들어 화초가 만발하여 향기는 습의[126]하고, 춘조(春鳥)는

---

122) 왕후지기(王后之氣) : 왕후의 기상.

123) 향일(向日) : 지난 번. 접때.

124) 영양 공주에게 지낸다 : 《구운몽》에 등장하는 영양 공주(정경패)를 넘어선다.

125) 십이원중(十二苑中) : 궁궐 내의 모든 정원.

다정하여 백반 제할 제,[127] 상(上)이 황극전에 전좌[128]하시고 알성과[129]를 보이실새, 호 승상이 성의를 보시고 과장(科場)에 들어감을 권하시거늘, 성의 장중[130]에 들어갈새 승상이 과장 여비(旅費)를 일일이 차려 주시거늘, 성의 즉시 장중에 들어가 글제를 살펴보니 '유상곡수[131]에 혜풍[132]이 화창'[133]이라 하였거늘, 백옥연[134]에 먹을 갈아 산호동필[135] 듬뿍 풀어 시지[136]를 펼쳐 놓고, 일필휘지[137]

---

126) 습의(襲衣) : 옷에 스며듦.

127) 백반 제(啼)할 제 : 백반(百般, 여러 모습)으로 울 때.

128) 전좌(殿座) : 친정(親政)이나 조하(朝賀) 때에 황상(皇上)이 옥좌(玉座)에 나와 앉음.

129) 알성과(謁聖科) : 임금이 문묘에 참배한 뒤 성균관에서 열던 과거.

130) 장중(場中) : 과장(科場, 시험장)의 안.

131) 유상곡수(流觴曲水) : 곡수연(曲水宴). 옛날 궁중의 후원에서 베풀던 잔치. 보통 음력 3월 3일에 모든 벼슬아치들이 굽이굽이 흐르는 물가에 자리 잡고 앉았다가 상류에서 임금이 띄운 술잔이 자기 앞에 오기 전에 시가를 짓고 잔을 들어 술을 마셨다.

132) 혜풍(惠風) : 화창하게 부는 봄바람.

133) 화창(和暢) : 날씨나 바람이 온화하고 맑음.

134) 백옥연(白玉硯) : 흰 빛깔의 옥으로 만든 벼루.

135) 산호동필(珊瑚銅筆) : 산호와 구리로 만든 붓.

하야 일천[138]에 선장[139]하니, 상시관[140]이 글장[141] 받들어 상(上)께 올려 왈,

"일천(一天)한 글장이옵기 올리나이다."

상이 친히 봉내(封內)를 개탁[142]하시니 이는 곧 적성의의 글이어늘 용사비등[143]한지라 상이 대찬[144] 왈,

"성의의 시제(詩題)를 보니 석일(昔日) 이백과 두보의 문필을 겸하였도다."

하시고 금방[145]에 이름을 불러 장원급제를 하이시고,

---

136) 시지(試紙) : 과거 시험 때 쓰던 종이.

137) 일필휘지(一筆揮之) : 한 숨에 힘차게 글씨를 내리 씀.

138) 일천(一天) : 과거나 백일장 같은 것을 여는 곳에서 첫째로 지어서 바치는 일.

139) 선장(先場) : 예전 과거 때 문과(文科) 장중(場中)에서 가장 먼저 답안을 내던 일.

140) 상시관(上試官) : 과거 때의 수석 시험관. 주문(主文).

141) 글장(-帳) : 과거에 글을 지어 올린 종이. 권자(券子), 시권(試券).

142) 개탁(開坼) : 봉한 편지나 서류를 뜯어봄. 주로 아랫사람에게 보내는 편지 겉봉에 쓰는 경우에는 '뜯어보라'는 지시적 의미가 있다.

143) 용사비등(龍蛇飛騰) : 살아 움직이는 듯이 매우 활기 있게 잘 쓴 필력을 이르는 말.

144) 대찬(大讚) : 크게 칭찬함.

어주(御酒)로써 만리타국의 외로움을 위로하신 후에, 또 상(上)이 장원의 손을 잡으시고 가라사대,

"이제 경(卿)이 원방(遠邦) 사람으로 금조[146]에 입신양명[147]하여 이름이 사해에 진동하니 어찌 아름답지 아니하리오? 원컨대 짐이 한 딸을 두었으니 비록 임사의 덕행[148]은 없으나 가히 군자의 건질[149]은 본받아 소임[150]할 만하니 과도히 욕되지 아니할 지경이니라. 경으로 부마를 정하노니 사양치 말라."

하신대, 성의 내심은 소원이나 거짓 사양 왈,

"성상(聖上) 명감지하[151]에 극히 황공하오나, 소신이

---

145) 금방(金榜) : 과거에 급제한 사람의 이름을 쓴 방.

146) 금조(今朝) : 지금의 조정. 우리 조정.

147) 입신양명(立身揚名) : 출세해 이름이 세상에 드날림.

148) 임사(妊姒)의 덕행 : 태임과 태사의 덕행. 태임(太妊)은 주(周) 왕계(王季)의 비(妃)이자 문왕의 어머니이며, 태사(太姒)는 문왕의 비다. 임사지덕(妊姒之德)은 아내, 곧 후비(后妃)의 현숙한 덕행을 가리킨다.

149) 건질 : 건즐(巾櫛), 즉 수건과 빗. 낯을 씻고 머리를 빗는 일을 가리킨다. '건즐을 받들다'는 여자가 아내나 첩이 됨을 겸손하게 이르는 말이다.

150) 소임(所任) : 맡은 바 직책을 감당함.

외국 인물로 천은이 망극[152]하사 천조[153]에 입신양명하오니 망극하와 폐하의 하해 같사온 은택을 만분지일이나 갚을까 하옵거늘, 가지록[154] 소신으로 부마를 정하시니 더욱 황감[155]하옵고, 공주 귀체에 욕될까 저어하오니, 바라건대 복원[156] 황상은 신(臣)의 사정을 살피사 부마지교[157]를 거두사 소신의 외로운 몸을 편케 하심을 천만 바라오니, 복원(伏願) 폐하는 살피소서."

상이 청파(聽罷)에 불윤[158]하사 가라사대,

"경은 과도히 경양[159]치 말라."

하시고 즉시 한림학사[160]를 제수하시니, 한림이 더욱

---

151) 명감지하(明鑑之下) : 미래에 대한 정확한 관찰력. 또는 그 관찰.

152) 천은(天恩)이 망극(罔極)하사 : 임금의 은혜가 한없이 두터워서.

153) 천조(天朝) : 천자의 조정.

154) 가지록 : 가지(加之)로. 거기에 더하여.

155) 황감(惶感) : 황송하고 감격함.

156) 복원(伏願) : 엎드려 원하옵나니.

157) 부마지교(駙馬之敎) : 부마로 삼겠다는 임금의 명령.

158) 불윤(不允) : 윤허(允許, 허락)하지 아니함.

159) 경양(敬讓) : 존경해 양보하거나 사양함.

감사하여 천은[161]을 축사[162]한대, 천자 어악[163]과 청홍쌍개[164]를 사급[165]하시고 신래를 부르사[166] 수삼차를 진퇴하시니, 한림이 더욱 황공하여 천은(天恩)을 축사(祝辭)하고 금포옥대[167]에 어사화[168]를 꽂고 은안백마[169]에 빗겨 앉아 옥면봉안[170]에 어주[171]를 반취하야 좌수에 옥

---

160) 한림학사(翰林學士) : 예문관(藝文館) 검열(檢閱)을 달리 이르는 말.

161) 천은(天恩) : 황제의 은혜.

162) 축사(祝辭) : 경축하여 말함.

163) 어악(御樂) : 궁중에서 어전(御殿) 앞에 아뢰는 음악.

164) 청홍쌍개(靑紅雙蓋) : '개(蓋)'는 의장(儀仗)의 하나. 양산 모양으로 되었으며 사(紗)로 꾸몄다. 빛깔에 따라서 청개(靑蓋)·홍개(紅蓋)·황개(黃蓋)·흑개(黑蓋) 등이 있었다.

165) 사급(賜給) : 사여(賜與). 나라나 관청에서 금품을 백성에게 내려 줌.

166) 신래(新來)를 부르사 : 신래(新來)를 부르시어. '신래'는 과거의 새 합격자.

167) 금포옥대(錦袍玉帶) : 벼슬아치가 비단으로 만든 공복(公服)에 두르던 옥으로 꾸며 만든 띠.

168) 어사화(御賜花) : 과거에 급제한 사람에게 임금이 주던 종이꽃.

169) 은안백마(銀鞍白馬) : 은으로 꾸민 안장과 털빛이 흰 말.

호[172]를 들고 우수에 봉미선을 쥐고 궐문 밖에 나오니, 어악풍류[173]와 청홍쌍개는 반공(半空)에 어려 있고 금의화동[174]이 전차후응[175]하여 승상(丞相) 부중[176]에 돌아올새, 승상부 허다[177] 서리(胥吏) 장원(壯元)을 옹위하여 대로상(大路上)으로 나오니 장안장외[178]의 구경하는 자 구름 모이듯 하는지라. 남녀는 고사하고 딸 두어 사위 가리는 이는 뉘 아니 뜻 둘 이 없더라. 한림이 승상부에 이르러 승상께 뵈온대 승상의 길거하심은 일필로 난기로다.[179]

---

170) 옥면봉안(玉面鳳眼) : 옥과 같이 아름다운 얼굴에 봉과 같이 눈알이 가늘고 길며, 눈초리가 깊고 붉은 기운이 있으며 꼬리가 위로 처진 눈. 중국 사람들이 귀한 상으로 여긴다.

171) 어주(御酒) : 임금이 내리신 술.

172) 옥호(玉壺) : 옥으로 만든 작은 병.

173) 어악풍류(御樂風流) : 장악원(掌樂院)의 악생(樂生)들이 여민락(與民樂)을 주상(奉上)하는 일.

174) 금의화동(錦衣花童) : 비단옷을 입고 꽃을 든 아이.

175) 전차후응(前遮後應) : 길 앞의 잡것은 차단하고 뒤에서는 응원함.

176) 부중(府中) : '부'의 이름이 붙은 행정구역의 가운데. 높은 벼슬아치의 집안.

177) 허다(許多) : 몹시 많음. 수두룩함.

178) 장안장외 : 담장 안과 밖. 마당 안팎.

한림이 비록 영귀(榮貴)하나 경사를 바칠 곳이 없어 비회를 금치 못하여 체읍 낙루하더라.[180]

이때, 채란 공주 적 공자 장원급제하여 한림학사 함을 듣고 심중에 암희[181]하더니, 일일은 상(上)이 내전에 들어오사 시녀를 명하여 공주를 불러, 황후로 더불어 연좌[182]하시고 공주를 희롱하사 왈,

"내 너로 하여금 저 한림으로 부마를 정하였으니 마음에 어떠하뇨?"

공주 부끄럼을 머금고 묵묵히 앉았거늘, 상이 공주를 애휼[183]하사 황후를 돌아보시고 가라사대,

"내 저를 생각하여 별과[184]를 수차 뵈였으되 충효 인재를 보지 못하여 한탄하더니, 채란 연광[185]이 방년이라. 옥

---

179) 일필(一筆)로 난기(難記)로다 : 붓 하나로 기록하기 어렵도다.

180) 체읍(涕泣) 낙루(落淚)하더라 : 흐느껴 울면서 눈물을 흘리더라.

181) 암희(暗喜) : 속으로 가만히 기뻐함.

182) 연좌(連坐) : 자리를 나란히 함.

183) 애휼(愛恤) : 사랑하여 은혜를 베풂.

184) 별과(別科) : 특별히 개최하는 과거.

185) 연광(年光) : 젊은 나이.

제(玉帝) 명감[186]하사 적 공자를 보내시기로, 성의의 시제[187]를 보니 천하의 기남자라. 짐의 소원을 이루었으니 이는 채란의 복인가 하나이다."

황후 대(對) 왈,

"신첩이 한림을 보았거니와, 폐하의 성심을 옥제 감동하사 어진 인연을 보내신가 하나이다."

하더니, 문득 기러기 소리 나거늘 괴이히 여겨 살펴보니, 기러기 날아내려 전내(殿內)에 들어와 공주 앞에 앉으며 반기는 듯하거늘, 황제와 황후 괴이히 여기더니, 공주 기러기를 살피다가 반겨 옥수(玉手)로 등을 어루만지며 왈,

"너도 이제까지 머무느냐?"

하거늘, 황제와 황후 의혹[188]하사 문(問) 왈,

"너 어찌 그 홍안[189]을 알아 사랑하는다?"

하시니, 공주 감히 속이지 못하여 여짜오되, '신이 모월 모일에 적 공자의 단저성을 듣고자 하와 거문고로 화답하

---

186) 명감(明鑑) : 밝게 살핌.

187) 시제(試題) : 시험 답안지.

188) 의혹(疑惑) : 의심스럽게 여겨 분별하지 못함. 또는 그런 생각.

189) 홍안(鴻雁) : 기러기.

옵더니, 이 홍안이 안평국 왕비의 편지를 전하기로 신이 그 눈 어두워 보지 못함을 애석(哀惜)하와, 그 서간을 보아 드리옵더니 홀연 눈을 떠 살피기로 피치 못하와 면목상대[190] 된 사연'을 고하니, 황제 칭찬 왈,

"자고로 홍안은 전신조[191]라 하거니와 이 기러기는 진실로 서왕모의 소식 전하던 청조[192]와 같도다."

하시고 즉시 태사관[193]을 불러 택일하라 하시니 일자가 불과 10일이 지격[194]하였는지라. 황재 전교[195]하사 적한림을 입시(入侍)하라 하시니, 한림이 즉시 들어가 계하(階下)에 국궁[196]한대 상이 대열(大悅)하사 가라사대,

"짐이 경을 더불어 동행지신[197]을 삼고자 하여 부마를

190) 면목상대(面目相對) : 얼굴을 맞대고 서로 봄.

191) 전신조(傳信鳥) : 소식이나 편지를 전하는 새.

192) 청조(靑鳥) : 반가운 사자(使者) 또는 편지의 뜻으로 쓰는 말.

193) 태사관(太史官) : 천문(天文) · 역수(歷數) · 측후(測候) · 각루(刻漏) 등의 일을 맡아보던 관리.

194) 지격(只隔) : 기일이 바싹 닥쳐 가까움.

195) 전교(傳敎) : 임금이 내린 명령. 하교(下敎).

196) 국궁(鞠躬) : 존경하는 마음으로 윗사람이나 영위 앞에 몸을 굽힘.

197) 동행지신(同行之臣) : 임금의 곁에서 임금을 모시는 신하.

완정[198]하고 일관[199]으로 택일하니 길일[200]이 십일지간(十日之間)이라. 경은 사양하던 마음을 잊어라."

하시거늘, 한림 하릴없어[201] 사은(謝恩)하고 물러나와 승상부에 돌아가 승상께 언중설화[202]를 고할새, 황상의 굳으신 은총과 승상의 후덕을 칭송하며 비회자발[203]하여 낙루하는지라. 승상이 위로 왈,

"차역천수[204]요 또한 그대 몸이 영귀(榮貴)할 때라. 이제는 귀국에 계신 부모를 뵈옵기 쉬운지라, 심중에 깃거함이 가하거늘 도리어 비창[205]함은 불가하도다."

하시며 위로하더라.

---

198) 완정(完定) : 확정. 확실히 결정함.

199) 일관(日官) : 길일을 선택하는 일을 맡아보던 관상감의 한 직장(職掌).

200) 길일(吉日) : 운이 좋거나 상서로운 날.

201) 하릴없어 : 어찌할 도리가 없어.

202) 언중설화(言中說話) : 말 가운데 말이 있다는 뜻으로, 예사로운 말 속에 다른 뜻을 가진 풍자나 암시가 들어 있다는 말.

203) 비회자발(悲懷自發) : 마음속에 서린 슬픈 회포가 스스로 나타남.

204) 차역천수(此亦天授) : 이 또한 하늘이 내린 운수.

205) 비창(悲愴) : 마음이 슬프고 서운함.

한림이 서당에 돌아와 부모를 생각하고, 비회를 금치 못하더니, 이때 상이 내전에 드시어 성의로 부마 완정(完定)한 말씀이며, 길일이 10일을 지격한 말씀을 황후더러 하시니, 황후 대열(大悅)하사 궁녀에 분부하여 백사(百事)를 신칙[206]하시더라.

이러구러 길일이 당하매 궐내에 대례석[207]을 배설[208]하고 전안[209]을 기다릴새, 호 승상이 예절을 갖추어 궐내로 들어갈새 신랑 풍채는 남해관음[210]이 해중(海中)에 돋는 듯하고 금포앵삼[211]에 봉의학대[212]를 두르고 머리에는 순금사모[213]를 쓰고 어사화[214] 숙여 꽂고 은안백마(銀

---

206) 신칙(申飭) : 단단히 일러서 경계함.

207) 대례석(大禮席) : 혼인을 치르는 큰 예식(禮式) 자리.

208) 배설(排設) : 연회나 의식에 쓰는 여러 가지를 벌여 베풀어 놓음.

209) 전안(奠雁) : 구식 혼인 때 신랑이 신붓집에서 기러기를 가지고 가서 상 위에 놓고 절하는 예.

210) 남해관음(南海觀音) : 남해의 관음. '남해'는 불산(佛山)을 의미하며, '관음'은 관세음보살(觀世音菩薩)이다.

211) 금포앵삼(錦袍鶯衫) : 비단으로 만든 도포. 나이 어린 소년으로서 생원(生員) · 진사(進士)에 합격했을 때 입던 연두색 예복.

212) 봉의학대(鳳衣鶴帶) : 문관이 입고 매던 의복과 허리띠.

鞍白馬) 위에 두렷이 앉아 청나산[215]을 들어 일광을 가리고 궐문으로 들어가니 국가의 대경사라. 구경하는 남녀노소 구름 모이는 듯하여 칭찬 아니 할 이 없더라.

한림이 전정[216]에 이르러 말에서 내려 완보로 걸어 교배석(交拜席)에 다다라 눈을 잠깐 들어 좌우를 살펴보니, 외면에는 만조백관이 상(上)을 모셔 시위하고,[217] 내전에는 수천 궁녀 시위한 중에 월패[218] 궁녀 수십 명이 공주를 부액[219]하여 나오는데 칠보단장[220]에 금포자라장[221]을 두

---

213) 순금사모(純金紗帽) : 황금 장식을 한 모자. 관복을 입을 때 쓰던 비단으로 짠 벼슬아치의 모자. 오늘날은 구식 혼례 때 신랑이 쓴다.

214) 어사화(御賜花) : 문무과 급제자에게 임금이 내리던 종이꽃.

215) 청나산(青羅傘) : 푸른색 비단으로 만든 양산.

216) 전정(殿庭) : 대궐의 뜰.

217) 시위(侍位)하고 : 귀인을 모시고.

218) 월패(月牌) : 달 모양의 패.

219) 부액(扶腋) : 곁부축. 겨드랑이를 붙들어 걸음을 도움. 남이 하는 일이나 말을 곁에서 거들어 줌.

220) 칠보단장(七寶丹粧) : 여러 가지 패물로 몸을 장식함. 또는 그 단장.

221) 금포자라장(錦袍紫羅帳) : 금빛과 자줏빛 비단으로 만든 휘장의 한 가지. 귀인(貴人)이 있는 곳에 두르는 휘장.

르고 옥패[222] 소리는 보보(步步)이[223] 쟁쟁한데[224] 순금 향로의 향취가 진동하는지라. 동서로 갈라서서 전안례(奠雁禮)를 마침에, 공주의 아름다운 거동은 무산낙포가[225]가 양대[226]에 내림 같고, 한림의 풍채는 향안전에 근시하는 선관[227]이 요지연[228]에 배설[229]함 같은지라. 공주와

222) 옥패(玉佩) : 옥으로 만든 패물.

223) 보보(步步)이 : 걸음걸음마다.

224) 쟁쟁하다(錚錚-) : 옥이나 좋은 금속의 울리는 소리처럼 소리가 매우 또렷하고 맑다.

225) 무산낙포(巫山洛浦) : 무산 신녀와 낙포 복비를 함께 일컫는 말. '무산 신녀'는 구름과 비로 변해 초 회왕과 놀았던 선녀이고, '복비(宓妃)'는 복희씨의 딸로서 낙수에 익사해 수신이 되었다는 전설이 있다. 뒤에 나오는 '양대(陽臺)'는 무산 신녀와만 관련되므로 낙포는 잘못 끼어든 말이다.

226) 양대(陽臺) : 무산(巫山)의 양지 쪽 높은 언덕에 있는 대(臺).

227) 향안전(香案殿)에 근시하는 선관(仙官) : 옥황상제나 천상계 존재의 가까이에서 향안(香案, 향로 탁상)을 관리하는 선관.

228) 요지연(瑤池宴) : 곤륜산에 있다는 연못인 요지 가에서 서왕모가 3천 년에 한 번 열매 맺는다는 반도(蟠桃, 신선계의 복숭아)를 내놓고 벌였다는 잔치.

229) 배설(排設) : 연회나 의식에 쓰는 물건을 차려 놓음. 웃어른 혹은 상급자를 따라 어떤 자리에 함께 참석한다는 뜻의 '배석(陪席)'이 더 적

부마 침전으로 들어가 연좌(連坐)하니 외전[230]의 만조백관이며 내전[231]의 삼천 시녀들이 황제와 황후를 위하여 만세를 부르더라.

이때에 춘란 백옥 두 시녀 옥반(玉盤)에 주안을 드려 신랑 한림과 공주 낭낭에게 합환주[232]를 권할새, 앵무잔에 술을 가득히 부어 드리며 길거 왈,

"부마는 안평국 왕자요 공주는 중국 옥주(玉主)라. 만리장천[233]에 천산(千山) 만수(萬水) 가렸삽거늘 화원(花園)에 언제 보심이 있관대 금야(今夜)에 합환주를 마시나니까?"

하니, 공주는 미소 부답(不答)고, 한림은 웃고 가로되,

"내 전일(前日)에 황상(皇上)이 내전에 전좌(殿坐)하시고 부르시기로 입시[234]하였을 제, 내 잠깐 눈을 흘려 살피

절할 듯하다.

230) 외전(外殿) : 임금이 거처하는 전각.

231) 내전(內殿) : 황후 · 왕후 등이 거처 하던 전각. '왕비'를 높여 이르는 말로도 쓰인다.

232) 합환주(合歡酒) : 혼례 때에 신랑 신부가 서로 바꾸어 마시는 술.

233) 만리장천(萬里長天) : 아득히 멀고도 높은 천지.

더니, 공주 옥결루(玉玦樓)에 올라 망견[235]할 때에 보았노라."

하니 춘란도 또한,

"그 시(時)에는 소비(小婢)도 보았나이다."

하며 주빈[236]을 연권하더니, 날이 장차 저물매 좌우의 시위(侍位) 궁녀 외면에 시위하고, 금병옥촉[237]을 밝히고 원앙 침상에 양인의 소원을 풀어 비취지락[238]을 이루니 새로운 정은 비할 데 없더라. 이튿날 황상께 뵈온대 황제와 황후 못내 사랑하시더라.

이때에 호 승상이 한림을 사랑하여 소저[239]로 더불어 가객[240]을 삼고자 하였더니, 부마로 간선[241]되매 애연[242]

---

234) 입시(入侍) : 대궐 안에 들어가 임금에게 뵘.

235) 망견(望見) : 멀리 바라봄.

236) 주빈(主賓) : 손님들 중에서 주가 되는 손님.

237) 금병옥촉(金瓶玉燭) : 금으로 만든 병에 있는 초.

238) 비취지락(翡翠之樂) : 남녀 좋은 짝이 누리는 즐거움. 원앙지락(鴛鴦之樂).

239) 소저(小姐) : 아가씨를 한문투로 이르는 말.

240) 가객(佳客) : 반가운 손님. 귀한 손님. 여기서는 사위를 이른다.

241) 간선(揀選) : 간택해 뽑음.

한지라. '내 또한 아들이 없으므로 매양 심려하더니' 한림의 애성[243]을 보고 수양자[244]를 삼아 소저와 남매 되고, 승상 부부를 생친(生親)과 같이 공경하니라.

이때 한림이 공주로 더불어 3일을 지낸 후에 위의를 갖초오고,[245] 공주 채교[246]를 타고 수십 시녀를 거느리고 승상부에 다다라 교자에서 내려 승상 양위[247]께 뵈온대, 승상 양위 답례하고 좌[248]를 정한 후에, 공주 잔을 들어 승상 양위께 수삼 배를 나수니[249] 승상이 잔치를 배설하고 공주를 대접할새, 승상 부인이 공주를 위로 왈,

"귀주[250] 금지옥엽[251]으로 우연히 연분 있어 누실[252]

---

242) 애연(哀然) : 슬픈 듯함.

243) 애성(愛性) : 사랑스러운 성품.

244) 수양자(收養子) : 남의 자식을 데려다가 길러 자기 자식으로 삼음.

245) 갖초오고 : 갖추고.

246) 채교(彩轎) : 채색을 한 교자. 또는 채단으로 꾸민 교자.

247) 양위(兩位) : 두 내외분.

248) 좌(座) : 앉을 자리.

249) 나수니 : 드리니. 바치니. 올리니.

250) 귀주(貴主) : 귀하신 공주.

에 왕림하옵시니 광채 배승[253]한지라.”

하시고 잔을 잡아 술을 부어 공주께 드려 왈,

“노인의 정배[254]오니 사양치 마르소서. 노인의 다행일까 하나이다.”

공주 잔을 잡고, 다른 잔에 술을 부어 쌍수(雙手)로 드려 왈,

“부마 시시(時時)로 승상 양위(兩位)의 후은(厚恩)을 잊지 못하오나 금일(今日)로부터는 구고지례[255]로 섬기리다.”

하고 당중(堂中)을 둘러보니 모든 부인은 백태(百態)가 구비하고, 승상 부인은 칠보화문관[256]을 쓰고 옥패(玉佩)를 찼으니 비록 연기[257]는 많으나 덕화[258] 가득한지

251) 금지옥엽(金枝玉葉) : 금으로 된 가지와 옥으로 된 잎이라는 뜻으로, 귀여운 자손을 소중하게 이르는 말.

252) 누실(陋室) : 누추한 집.

253) 배승(倍勝) : 광채가 곱절로 더함.

254) 정배(情盃) : 정이 어린 잔.

255) 구고지례(舅姑之禮) : 시부모의 예(禮).

256) 칠보화문관(七寶花紋冠) : 칠보로 꾸민 화려하고 찬란한 관.

라. 또 모든 부인이 공주께 사례 왈,

"귀주(貴主) 임하심을 보오니 위의[259] 칭량[260]키 어렵도소이다. 칠보금등[261]의 수십 시녀들은 나삼[262]에 문화[263]를 높이 하고 거행[264]이 분명하며 풍악이 진동하니, 비(比)하건대 서왕모 요지연에 내림 같도소이다. 금일(今日) 승상이 귀주를 대면하시니 오죽이나 회환[265]하시리까? 귀주를 위하여 수십 명 시비로 오색단화(五色丹花)를 손에 쥐고 앵무잔을 베풀어 좌우에 세웠으니 향취 만실(滿室)함은 양왕이 궁중에 홍연화(紅蓮花)를 벌림 같고 귀

---

257) 연기(年紀) : 나이.

258) 덕화(德化) : 덕성과 교화.

259) 위의(威儀) : 위엄이 있는 의용(儀容). 엄숙한 차림새. 예법에 맞는 몸가짐.

260) 칭량(稱量) : 사정이나 형편을 헤아림.

261) 칠보금등(七寶金鐙) : 칠보로 찬란하고 아름답게 꾸민 의장(儀仗)의 한 가지.

262) 나삼(羅衫) : 비단 저고리.

263) 문화(紋靴) : 무늬를 아로새긴 가죽신.

264) 거행(擧行) : 행동거지.

265) 회환(懷歡) : 기쁜 마음을 품음.

주 신광[266]은 심신이 황홀한지라."

하고 모다[267] 사례하는지라. 공주 왈,

"모든 부인이 이같이 관대하시니 도로여 참괴하여이다."

하고, 공주 시녀를 명하여,

"홍안(鴻雁)을 올리라."

하거늘, 즉시 나아가 기러기를 안아다가 공주 앞에 놓으니, 그 기러기 목을 늘여 소리할새, 순금관자[268]를 달았거늘, 좌우의 부인들이 괴이히 여겨 그 연고를 물은대, 공주 답 왈,

"이 기러기는 부마 본국에 있을 제 기르던 기러기라. 안평국 왕비의 서간을 전하였으매, 부마 편지를 향하여 재배하다가 눈이 밝았는 고로 상(上)이 신기히 여기사 가자[269]

---

266) 신광(身光) : 몸에서 내비치는 빛. 후광.

267) 모다 : 모두 다.

268) 순금관자(純金貫子) : 금으로 장식한 관자. 관자는 망건에 달아 당줄을 꿰어 거는 작은 고리.

269) 가자(加資) : 관리의 자급을 올려 줌. 혹은 정3품 통정대부(通政大夫) 이상의 당상관(堂上官)의 품계.

를 주심이로소이다."

만당좌중[270]이 다 신묘(神妙)히 여기더라. 이러구러 날이 저물거늘 공주 하직하여 왈,

"지금 낭낭(娘娘)[271] 기다리실지니 지리[272] 모시지 못하고 가나이다. 타일에 종종 뵈오리다."

하며 기러기를 안고 교자[273]에 올라 궁으로 들어가니라.

이튿날 한림이 나와 승상을 뵈오니 승상 양주(兩主) 한림을 맞아 좌정 후 승상이 주효[274]로 한림을 대접하고 가로되,

"노부(老夫)의 생전 사후지사를 그대에게 믿었으니 여한이 없으리로다."

하신대 한림이 배사 왈,

---

270) 만당좌중(滿堂座中) : 사람들이 방이나 강당에 가득히 모인 자리. 거기에 모인 사람들.

271) 낭낭(娘娘) : 여기서는 왕후마마를 지칭함.

272) 지리 : 길이. 길게. 같은 상태가 오래 계속됨.

273) 교자(轎子) : 평교자. 당상관들이 타는 가마.

274) 주효(酒肴) : 술과 안주.

"소자 죽사온들 어찌 저버리리까?"

하거늘 승상이 더욱 애중히 여기시더라.

부인이 왈,

"한림이 이제 부마로 입궐하기로 보기 어려울까 하였더니 즉일(卽日)에 공주 친림[275]하시니 광채 배승(倍勝)하야, 노인 향복[276]을 감(減)할까 저어하더니, 또 금(今)에 한림이 이르러 두 노인을 위로하시니 세상에 이런 향복은 쌍(雙)이 없을까 하노이다. 당시[277] 한림의 명망이 사해에 진동하고 화려한 풍채는 인중(人中) 호걸(豪傑)이라. 재덕[278]을 겸대[279]한 중에 금상첨화[280]로 부마가 되었으니, 이같이 귀하신 몸이 노인을 찾아보시니 다정치 아니하리오? 이 몸은 죄 중하여 남자[281]가 없는 고로 설워하

---

275) 친림(親臨) : 귀인이 직접 나옴.

276) 향복(享福) : 복을 누림.

277) 당시(當時) : 일이 있던 그때.

278) 재덕(才德) : 재주와 덕망.

279) 겸대(兼帶) : 겸하여 지님. 겸비.

280) 금상첨화(錦上添花) : 좋은 일에 더 좋은 일을 더함.

281) 남자 : 남자 아이. 아들.

옵더니, 하늘이 지시하사 한림을 만나게 하심이라. 평생 무궁지한[282]을 풀고, 생전 사후 의탁을 바라나니, 한림은 노인의 말을 저버리지 마르소서."

한대, 한림이 사례 왈,

"승상 양위[283] 애휼[284]하신 은혜 백골난망[285]이라. 존언[286]을 어찌 저버리리오?"

하고 종일 즐기다가 일모서산[287]하매 승상 양위께 배사(拜謝)하고 궐내로 들어가니라.

세월이 여류(如流)하여 수월(數月)이 지나매, 일일은 부마 공주를 대하여 왈,

"소생이 소국지인(小國之人)으로 중국에 들어와 의탁되어, 몸이 용문[288]에 올라 입신양명(立身揚名)하고 겸하

---

282) 무궁지한(無窮之恨) : 다함이 없는 끝이 없는 한.

283) 양위(兩位) : 두 분. 두 어른.

284) 애휼(哀恤) : 불쌍히 여기어 은혜를 베풂.

285) 백골난망(白骨難忘) : 백골이 되어도 오히려 그 깊은 은덕을 잊을 수 없음. 남에게 큰 은혜나 덕을 보았을 때 감사하는 뜻으로 이르는 말이다.

286) 존언(尊言) : 존경하는 분의 말씀. 고귀한 말씀.

287) 일모서산(日暮西山) : 해가 서산으로 넘어감.

여 공주로써 부부가 되오니 성은이 망극하오나, 하늘께 지은 죄를 면치 못할까 하나이다."

공주 왈,

"첩이 부마를 받든 지가 이미 수월[289]이로되 구고[290] 안전[291]에 현알[292]치 못하오니 오륜의 큰 죄인이라. 여모정절[293]은 여자의 떳떳한 행실이요 여필종부[294]는 인륜의 서차[295]라. 이제 군자의 뜻을 이루게 하오리다. 연이나[296] 일찍 듣사오니, 부마 형공(兄公)의 불측한[297] 해를 입었는지라. 중로에서 무슨 재변[298]이 있을 줄 모르오니

288) 용문(龍門) : 과거에 급제함을 이르는 말.

289) 수월(數月) : 몇 달. 여러 달.

290) 구고(舅姑) : 시부모님.

291) 안전(眼前) : 눈앞.

292) 현알(見謁) : 지체가 높고 귀한 사람을 만나 뵙는 일.

293) 여모정절(女慕貞節) : 여성이 정절을 지키고 따르는 것.

294) 여필종부(女必從夫) : 아내는 반드시 남편을 순종하여 좇아야 함.

295) 서차(序次) : 차례.

296) 연(然)이나 : 그러나.

297) 불측(不測)한 : 흉측한. 헤아릴 수 없는.

298) 재변(災變) : 재앙이나 변고.

먼저 서간을 써서 모후께 알게 함이 옳을까 하나이다."

한대, 부마 올이[299] 여겨 즉시 서간을 써서 기러기 다리에 매고 경계 왈,

"내 종당에[300] 네 모양을 그리려니와,[301] 우리 양인(兩人)이 본국에 돌아갈 기약을 두니 너는 자세히 들어라. 왕년[302]에 서역에 들어가 일영주를 얻어올새 형공(兄公)이 배를 타고 마주 나와 일영주를 앗은[303] 후에 선인(船人)을 다 죽이고 내 눈을 멸하여[304] 판쪽[305]을 태워 해중에 밀쳤으니 일정[306] 나를 죽게 함이라. 형공이 나를 죽은 줄로 알았으니, 너는 이 글을 전하여 나를 인도하라."

기러기 듣더니 고개를 들어 응(應)하고 일어나더니 동

---

299) 올이 : 옳게.

300) 종당(從當)에 : 이 뒤에 마땅히. 그 뒤에 드디어.

301) 네 모양을 그리려니와 : 네 행적을 기리려니와.

302) 왕년(往年) : 옛날. 과거. 지난 시절.

303) 앗은 : 빼앗은.

304) 눈을 멸하여 : 눈을 멀게 하여.

305) 판쪽 : 판자 조각.

306) 일정 : 반드시. 틀림없이.

북으로 행(行)하더라.

이때 공주 전정[307]에 나아가 상께 주달(奏達)[308] 왈,

"부마 부모를 이별한 지 오래오매 사모함이 간절하온지라. 신도 또한 구고(舅姑)께 현알(見謁)하옵고자 하오니 수삼 삭 말미[309]만 허하소서."

상이 가라사대,

"경의 부부 근친[310]코자 하니 이는 당연한 말이라 부마를 입시(入侍)[311]하라."

하시거늘,

부마 즉시 들어가 궐하[312]에 숙배[313]한대, 상이 왈,

"들으니 경이 본국에 돌아가 근친코자 하여 가려 하니,

---

307) 전정(殿庭) : 궁전의 뜰. 조정. 궁정.

308) 주달(奏達) : 임금께 아뢲.

309) 수삼 삭(朔) 말미 : 몇 달 동안의 휴가.

310) 근친(覲親) : 시집간 딸이 친정에서 어버이를 뵙는 인사. 여기서는 신부가 시부모를 뵙고 드리는 인사.

311) 입시(入侍) : 대궐에 들어가 왕을 알현함.

312) 궐하(闕下) : 대궐 아래. 임금 앞.

313) 숙배(肅拜) : 엄숙히 절함. 임금이나 왕족에게 하는 절.

이제 곧 가고자 하느뇨?"

하시거늘 부마 부복[314] 주(奏) 왈,

"소신이 천은(天恩)이 망극하와 몸이 용문(龍門)에 오르옵고, 겸하와 부마 되오니 영화 극진하오나, 황공하옵거니와 천지간에 부자간 천륜이 극중하온지라, 부모 슬하를 떠난 지 우금(于今)[315] 3년이라 어찌 슬프지 아니하오리까? 본국에 돌아가 쌍친[316]을 보아 위로하고 다시 현알하리이다. 복망(伏望) 폐하는 소신의 사정을 살피소서."

하며 비창[317]하거늘, 상이 윤허[318]하사 왈,

"부자간 천륜[319]은 오륜(五倫)의 으뜸이라. 짐이 막지 못하기로 허락하니 근친 후에 돌아와 다시 현알(見謁)하라."

하시고 명하사,

---

314) 부복(俯伏) : 고개를 숙이고 엎드림.

315) 우금(于今) : 이제까지.

316) 쌍친(雙親) : 양친.

317) 비창(悲愴) : 몹시 상하고 슬픔.

318) 윤허(允許) : 임금이 신하의 부탁이나 건의를 허락함.

319) 천륜(天倫) : 부자 형제 사이에서 마땅히 지켜야 할 떳떳한 도리.

"부마 원정행구[320]를 극진히 하여 부족 됨이 없게 하라."

하시니, 즉일[321]에 공주와 부마 황제 황후 낭낭(娘娘)께 하직하고 물러 나와 호 승상 양위(兩位)께 사연을 고하니 떠나는 정이 연연[322]하더라.

발행[323]할새 공주 왈,

"수로(水路) 누만 리의 중로(中路)에 무슨 환(患)을 당할지 모르오니 보검(寶劍) 갑주(甲胄)를 가지고 가사이다."

하고 군물[324]을 준비하고 군사 수백 기(騎)[325]와 장수 일인(一人)을 거느리고 배에 올라 행선[326]할새, 저저[327] 작별하고 몽동대선(艨艟大船)[328]에 풍범[329]을 높이 달고 정

---

320) 원정행구(遠程行具) : 먼 길을 갈 때 지니거나 차리는 여러 도구.

321) 즉일(卽日) : 바로 그날. 당일.

322) 연연(戀戀) : 안타깝게 그리워함.

323) 발행(發行) : 목표 지점을 향해 길을 가기 시작함. 출발함.

324) 군물(軍物) : 군진(軍陣)에서 쓰는 무기와 기치(旗幟) 따위를 통틀어 이르는 말.

325) 기(騎) : 기마병. 말을 탄 군사.

326) 행선(行船) : 뱃길을 떠남. 배를 타고 나아감.

327) 저저(這這) : 저저이. 일일이. 낱낱이.

이[330] 행하더니, 홀연 당봉순풍[331]하여 승어궁시[332]하다.

각설. 이때 행선을 재촉하여 황성[333] 양자강에 이르러 살펴보니, 바람은 소슬(蕭瑟)하고 한 섬이 있는데, 물가에 큰 바위가 있고 그 앞에 죽림(竹林)이 무성하거늘. 부마(駙馬) 홀연 옛일을 생각하고 내심에 헤아리되,

'저 바위는 나의 목숨을 살린 바위라.'

하시고 사공에게 분부하여 배를 언덕에 대이고 암상(巖上)에 올라 살펴보니, 만 리 창해에 풍랑이 도도하여 파두(波頭)[334] 요란한지라. 자연 비감하여 죽림을 나아가 살펴보니 한 곳에 중동 베인 대[335]가 있거늘, 단저[短笛] 만든 대가 분명한지라. 그 대를 어루만져 왈,

---

328) 몽동대선(艨艟大船) : 큰 병선(兵船). '몽동'은 전투용 배.

329) 풍범(風帆) : 풍선에 단 돛. 바람을 받기 위해 배에 단 돛.

330) 정이 : 곧바로.

331) 당봉순풍(當逢順風) : 때마침 순풍을 만남.

332) 승어궁시(勝於弓矢) : 화살보다 빠름.

333) 황성(皇城) : 황제가 있는 나라의 수도. 황도.

334) 파두(波頭) : 물결의 제일 높은 부분. 혹은 파도(波濤)의 오각.

335) 중동 베인 대 : 가운데 부분이 잘린 대.

"만일 너곧 아니었던들 내 몸이 영귀(榮貴)[336]치 못할러라. 널로 인연하여 몸이 귀히 되어 고국을 돌아오니 다행하거니와, 너를 무엇으로 정을 표하리오?"

하시고 설워하며 그 대 끝을 수화보문단[337]으로 봉(封)하고, 죽림을 떠나 10여 일 만에 한 곳에 다다르니 날이 저물거늘, 배를 머무르고 밤을 지낼새 월색(月色)이 영롱한데, 해중으로서 사람의 울음소리 들리거늘, 이곳은 전일 격군[338]이 몰사하던 곳이라. 부마 깨닫고 공주로 더불어 친히 제물을 장만하여 선상에 배설하고 축문 지어 위로할새 그 축문에 하였으되,

> 간지[339] 모년 모월 모일에 중국 부마도위[340] 안평국 왕자 적성의는 통곡하고 모든 격군(格軍)의 고혼을 위로하여 제전[341]하노라.

---

336) 영귀(榮貴) : 영예롭고 귀함.

337) 수화보문단(繡花寶紋緞) : 꽃으로 수를 놓은 보배 무늬의 비단.

338) 격군(格軍) : 사공의 일을 돕는 수군.

339) 간지(干支) : 해당 연도의 천간과 지지.

340) 부마도위(駙馬都尉) : 임금의 사위.

오호라! 그대 등으로 더불어 수로 누만(累萬) 리를 동고[342]하여 일영주를 얻어 회정[343]하다가 이곳에 다다라 불의한 변을 만나 면치 못하고, 세를 좇아[344] 창해[345] 중의 고혼[346]이 되었으니 어찌 슬프지 아니하리오. 차호라![347] 이 몸은 두 눈을 빼여 버린 후에 한 조각 판자를 태워 만경창파(萬頃蒼波)에 밀쳤으니 살기를 바라리오. 연(然)이나 명천(明天)이 감동하사 목숨이 살아나서, 중국에 들어가 호 승상을 만나 유(留)하다가[348] 몸이 용문(龍門)에 올라 한림학사로 근시(近侍)터니, 금상첨화(錦上添花)로 천조[349] 공주의 부마가

---

341) 제전(祭奠) : 제물을 바침. 제사 지내는 의식을 올림.

342) 동고(同苦) : 고생을 함께함.

343) 회정(回程) : 돌아가거나 돌아오는 길에 오름. 또는 그 노정.

344) 세를 좇아 : 형세를 따라. 형세에 밀려.

345) 창해(滄海) : 넓고 큰 바다.

346) 고혼(孤魂) : 의지할 곳 없이 떠도는 외로운 혼.

347) 차호(嗟乎)라 : 아! 슬프도다.

348) 유(留)하다가 : 머무르다가.

349) 천조(天朝) : 황제가 다스리는 나라. 중국.

되어 이제 나는 고국을 돌아가니 부귀영화 극진하거니와, 그대 등의 망혼[350]이야 어느 날에 고국을 돌아오리오. 슬프도다! 날로 인연하여 수중고혼(水中孤魂)이 되었은들 막비천수[351]라. 과도히 원망치 마르소서. 내 돌아가 그대 등의 청백[352]한 고혼의 원억[353]한 정곡[354]을 잊으리오? 내 영귀(榮貴)하여 이제 본국으로 돌아옴이 그대 등의 혼령이 도움이라. 환국한 즉시에 군(君) 등 자손을 불러 쓸 것이니, 군 등 혼령은 차려진 만반진수[355]를 많이 흠향[356]하소서.

하며 부마 선중(船中)에 앉아 실성통곡하니 선중 일행

---

350) 망혼(亡魂) : 죽은 사람의 넋.

351) 막비천수(莫非天數) : 운수 아닌 것이 없음. 곧 모든 것이 다 운수에 달려 있음.

352) 청백(淸白) : 청렴하고 결백함.

353) 원억(寃抑) : 억울하고 원통함.

354) 정곡(情曲) : 간곡한 정.

355) 만반진수(滿盤珍羞) : 소반이나 상 위에 가득히 차린 별스럽고 맛있는 음식.

356) 흠향(歆饗) : 신명이 제물을 받아서 먹음.

이 뉘 아니 설워하리오. 공주 부마를 위로하고 제(祭)를 파(罷)한 후에 제물을 많이 봉하여 해중(海中)에 들이치고,[357] 부마 스스로 슬퍼하니 수운[358]이 참담(慘憺)하더라. 배를 재촉하여 본국으로 행하니라.

각설. 이때 안평국 중전 왕비 안족[359]에 편지를 보내고 회답 오기를 주야(晝夜)에 기다리더니, 일일은 왕상(王上)이 내전에 드시어 왕비로 더불어 옥루[360]에 올라 난간에 빗겨 앉아 양 전하(殿下)[361] 성의를 생각하시고 비회[362]를 금치 못하시더니. 홀연 기러기 중천에 높이 떠서 진 소리[363]로 아뢰는 듯하더니 순식간에 살 쏜 듯이[364] 내려와 왕비 앞에 앉거늘, 왕비 기러기만 보아도 성의를 본 듯하

---

357) 들이치다 : 마구 뿌리다.

358) 수운(愁雲) : 수심이 찬 기색. 근심스러운 빛.

359) 안족(雁足) : 기러기의 발.

360) 옥루(玉樓) : 옥으로 장식한 누각. 궁중의 누각.

361) 양(兩) 전하(殿下) : 왕과 왕비 두 분.

362) 비회(悲懷) : 슬픈 마음.

363) 진 소리 : 긴 소리.

364) 살 쏜 듯이 : 쏜살같이.

여 옥수[365]로 기러기를 덥석 안고 어루만지며 살펴보니, 안족(雁足)에 일봉[366] 서간(書簡)을 매고 왔거늘, 일희일비하여 급히 끌러 떼어보니 사연에 하였으되,

불효자 성의는 근백배[367]하옵고 부왕 전하와 모비 낭낭(娘娘)께 올리나이다. 배별[368]이 오래이온대 양(兩) 전하(殿下)의 기후강녕[369]하심을 안(雁) 편에 듣사오니 반갑고 설운 마음 칭량이 없사옵니다. 석년[370]에 모비(母妃) 병환을 위하와 슬하(膝下)를 떠나 서역을 가올 적에 천신만고(千辛萬苦)하와 십생구사[371]로 누만 리 서천에 이르러 일영주를 얻어 오옵더니 해상(海上) 중로(中路)에서 포악한 변을 만나, 일행 격군

---

365) 옥수(玉手) : 임금, 왕족 등 귀한 사람의 손.

366) 일봉(一封) : 한 통.

367) 근백배(謹百拜) : 삼가 수없이 여러 번 절함.

368) 배별(拜別) : 존경하는 사람과의 작별을 높이어 이르는 말.

369) 기후강녕(氣候康寧) : 웃어른께 올리는 편지의 문안 부분에서, 그를 높이어 정신과 건강 상태를 묻는 말.

370) 석년(昔年) : 지난해. 여러 해 전.

371) 십생구사(十生九死) : 위태로운 지경을 겨우 벗어남.

(格軍)을 다 죽이고 장차 소자를 죽이려 할 제, 거느린 군사 중에 태연이라 하는 사람의 힘을 입어 목숨은 보전하였삽거니와, 두 눈을 빼여 한 목판 쪽을 태워 창파(蒼波) 중에 밀쳤으니, 12세 어린것이 살기를 바라리오? 파도에 밀치여 지향[372] 없이 가옵더니, 여러 날 만에 한 섬에 다다라 짐작하온즉 언덕이옵거늘 더듬어 보니 바위가 있삽기로 암상(巖上)에 올라 정신을 수습하옵더니, 풍편[373]에 대 우는 소리 들리기로 내려가 더듬은즉 과연 대밭이 있삽기로, 대를 베어 단저[374]를 만들어 슬픈 마음을 덜고 앉아, 오작[375]에게 실과를 얻어 먹고 있삽더니, 천지(天地) 신명(神明)하사 중국 호 승상이 남일국에 사신으로 다녀오시는 길에 소자를 데려다가 구하심을 입사와 승상부에 유(留)하던 말이며, 용문에 올라 부마(駙馬) 된 전후사연과 호 승상의 수양자 된 말씀을 낱낱이 고하여 아뢰고, 공주로 더불어 고국

372) 지향(指向) : 일정한 목적지.

373) 풍편(風便) : 바람결.

374) 단저[短笛] : 짧은 피리.

375) 오작(烏鵲) : 까막까치.

을 즉행[376]하오니, 또 중로에 무슨 변이 있을지 모르오니 복망[377] 쌍친(雙親)은 살피옵소서.

하였더라. 왕비 보기를 다하매 전하 청파(聽罷)에 옥루(玉淚)를 흘리시고 비감(悲感)하시더라. 왕비 기러기를 붙들고 통곡하여 슬어하시더니,[378] 이때 세자 항의 왕비 곡성을 듣고 대경하여, 들어가 복지(伏地)하여 여짜오되,

"모후는 무슨 연고로 이렇듯이 비창하시나이까?"

왕비 항의를 보시고 잠잠하시거늘, 항의 일어나 사면을 살펴보니 서안(書案)에 일봉(一封) 서찰이 놓였고, 또 기러기를 어루만지시거늘, 자세히 보니 이는 곧 성의 필적이라. 항의 대(對) 왈,

"서간을 보오니 성의 중국에 들어가 입신양명(立身揚名)하여 부마가 되었다 하니, 이는 부왕의 성덕이거늘 어찌 심장을 상하시나이까. 바삐 예단을 갖추어 마조나가게[379] 하옵소서."

---

376) 즉행(卽行) : 곧바로 나아감.

377) 복망(伏望) : 엎드려 바라노니.

378) 슬어하시더니 : 슬퍼하시더니. 설워하시더니.

하거늘, 왕비 즉일(卽日) 예단을 갖추어 중로에 사신을 보내느니라. 이때 상(上)이 칙교[380]하사 항의로 중전을 모셔 떠나게 말하시니라.

차설. 항의 마음에 헤오되,[381]

'성의 일정[382] 죽은 줄로 알았더니 어찌하여 살았으며 이다지 영귀(榮貴)하게 되었는고? 만일 성의 곧 나오면 나의 전후 행적이 발각되리로다.'

가장 근심하다가 한 계교를 생각하고, 노복에게 분부하여 적부리를 부르라 하니, 이 사람은 지용[383]이 과인[384]하니라. 적부리 하기를,

"내 남필국[385]을 쳐 항복받아 우리나라 지방을 넓히리라."

---

379) 마조나가게 : 맞으러 나가게. 마중나가게.

380) 칙교(勅教) : 칙유(勅諭). 임금의 선유(宣諭).

381) 헤오되 : 헤아리되.

382) 일정(一定) : 변동 없이. 틀림없이.

383) 지용(智勇) : 지혜와 용맹.

384) 과인(過人) : 남보다 뛰어남.

385) 남필국 : 가상의 나라. 또는 호 승상이 다녀왔다던 남일국의 오각.

하니 그 용맹이 절인지용[386]을 가진지라. 이날 항의 적부리를 청하여 관대[387]하고 왈,

"그대 나를 위하여 오백 군(軍)을 거느리고 중로에 나아가 매복하였다가 성의의 일행을 쳐 함몰[388]하고 돌아오면 천금 상을 아끼지 아니하고, 내 장차 위거[389]하는 날에 중임(重任)을 맡길 것이니 그대는 힘을 다하여 성사케 하라."

하니 적부리 대희(大喜) 왈,

"차사(此事)는 소장의 손끝에 달렸으니 조금도 의심치 마르시고 동궁[390]은 다만 후계[391]를 차리소서."

하며 하직하니, 항의 대희(大喜)하여 잔을 잡아 술을 권하며 즐기다가 파석[392]하고 비밀리에 의논하더라. 적부리 돌아와 군사를 거느리고 행하니라.

---

386) 절인지용(絕人之勇) : 남보다 훨씬 뛰어난 용맹.

387) 관대(寬待) : 너그럽고 후하게 대접함.

388) 함몰(陷沒) : 모조리 결딴나 없어짐. 또는 모조리 결딴내어 없앰.

389) 위거(位居) : 왕위를 차지함. 왕위에 오름.

390) 동궁(東宮) : 왕세자.

391) 후계(後繼) : 뒤를 잇는 일.

392) 파석(罷席) : 행하던 자리를 거둠.

각설. 이때 부마 배를 재촉하여 청강에 다다르니, 홀연 중천에 기러기 슬피 울며 떠오더니 뱃머리에 앉거늘, 부마와 공주 크게 반겨 몸을 어루만지며 왈,

"네 능히 서간을 전하였느냐?"

하니 기러기 고개를 들어 응하거늘, 일행이 다 신기함을 칭찬하더라. 기러기 문득 날아 나더니 강변으로 떠다니며 슬피 울거늘, 부마와 공주며 일제군[393] 다 의심하더니, 공주 왈,

"이제 기러기 비록 짐승이나 신통함이 있으니 무슨 변이 있을지라. 반드시 불길지조[394]니 여비[395]하사이다."

하고 데려오는 장수와 군사를 단속하고, 또 행장을 끌러 갑주와 창검을 내어, 공주 친히 화복[396]을 벗고 의갑[397]을 갖추고 선두[398]에 빗겨 서며 부마에게,

---

393) 일제군(一齊群) : 여럿이 모두.

394) 불길지조(不吉之兆) : 불길한 조짐.

395) 여비(與備) : 더불어 대비함.

396) 화복(華服) : 화려한 옷.

397) 의갑(衣甲) : 갑옷.

398) 선두(船頭) : 뱃머리.

"선중에 들어가소서."

하거늘, 부마 왈,

"공주 연연약질[399]이 무슨 지혜로 이렇듯 하시나이까?"

공주 왈,

"분명 전두에[400] 불의지변[401]이 있을 것이니, 우리 일행 보호장[402]으로 막다 못하면 첩이 반드시 당적[403]하려 하오니 부마는 과도히 우려치 마르소서."

하고 정이[404] 행(行)하더니, 강변에 다다르매 본국 예관이 대후[405]하여 맞을새 위의[406] 거룩하더라.

이즈음에 일성 방포[407]에 한 때 군마 내달아 길을 막으

---

399) 연연약질(軟娟弱質) : 가냘프고 약한 체질. 또는 그러한 사람.

400) 전두(前頭)에 : 앞머리에. 앞에. 앞으로.

401) 불의지변(不意之變) : 생각지도 못한 변고.

402) 보호장(保護將) : 보호하는 장수.

403) 당적(當賊) : 적을 상대함.

404) 정이 : 곧바로.

405) 대후(待候) : 웃어른을 기다림.

406) 위의(威儀) : 위엄 있고 엄숙한 태도와 몸가짐.

407) 일성(一聲) 방포(放砲) : 크게 한 번 들리는 포 쏘는 소리.

니, 이 장수는 곧 적부리라. 머리에 황금 투구를 쓰고, 몸에 보신갑[408]을 입었으며, 손에 장창을 들고 천리 준마[409] 위에 높이 앉아 크게 외쳐 왈,

"너희는 어떠한 도적이건대 무슨 뜻을 먹고 감히 우리 나라 땅을 범하느냐?"

하고 호통 일성[410]에 달려드니, 본국 예관(禮官)이며 부마 일행이 경황(驚惶)하며, 본국 사신이 꾸짖어 왈,

"내 왕명을 받자와 부마와 공주를 모시러 왔거늘 네 어찌 범람[411]한 뜻을 가지고 이같이 항거하느냐?"

하니 들은 체도 아니 하고 고성대질[412] 왈,

"도적은 빨리 나와 죽기를 대령하라."

하니 위엄이 범 같은지라. 공주 생각하되,

'이는 반드시 부마 형공(兄公)의 흉계라.'

하고 수하에 데리고 온 장수를 명하여 대적하라 하시

---

408) 보신갑(保身甲) : 몸을 보호하기 위한 갑옷.

409) 천리(千里) 준마(駿馬) : 천리를 잘 달리는 날랜 말.

410) 호통 일성(一聲) : 크게 한 번 꾸짖는 소리.

411) 범람(汜濫) : 외람되이 넘침.

412) 고성대질(高聲大叱) : 목청을 높여 큰 소리로 꾸짖음.

니, 청령(聽令)하고 장창을 빗겨 들고 비신상마[413]하여 대호(大呼) 왈,

"무지한 필부는 들어라. 나는 중국 황사[414]라. 부마는 너희 나라 왕자요, 낭낭(娘娘)은 우리 황실 공주라. 이에 부마 친행(親行)코자 하시기로 황제 허하사 날로 하여금 보호하라 명하심에 이에 이르렀거늘, 너는 무도불칙(無道不則)한 세자와 동심(同心)하여 이같이 범람(氾濫)하거니와 천도 어찌 무심하리오?"

한대, 적부리 청이불문[415]하고 달려들거늘, 맞아 싸워 10여 합에 이르러 불분승부[416]러니, 문득 적부리 칼을 날려 황사를 칠새, 황사 몸을 날려 칼을 피하더니. 적부리 승승[417]하여 함성[418]하고 달려드니 형세 가장 급한지라.

이즈음에 기러기 강변에 울고 내왕하더니, 물에 가 빠

---

413) 비신상마(飛身上馬) : 날쌔게 몸을 날려 말에 올라 탐.

414) 황사(皇師) : 황제의 군사.

415) 청이불문(聽而不聞) : 듣고도 못 들은 척함.

416) 불분승부(不分勝負) : 승부를 가리지 못함.

417) 승승(乘勝) : 승세를 탐.

418) 함성(喊聲) : 여럿이 크게 소리 지름.

져 몸을 적셔 모래를 몸에 묻히고 날개에 가득 싣고 공중에 떴다가 살 쏜 듯이 내려와 적부리 얼굴에다 뿌리니, 제 아무리 명장인들 눈을 뜨지 못하니 어찌 당적[419]하리오? 말을 달려 본진으로 돌아가거늘, 황사 겨우 돌아오니, 공주 왈,

"만일 기러기 아니던들 하마[420] 위태할나다."[421]

하고,

"그대의 창법을 보니 적장을 당치 못할지라."

분기창천[422]하여 자당[423] 출전할새, 부마 만류 왈,

"이는 반드시 골육상쟁이라. 공주는 안심하소서. 내 나아가 당적(當敵)하오리다."

한대, 공주 대(對) 왈,

"부마 지식이 넉넉하오나 무예를 익히지 아니하였사오니 어찌 능히 용검[424]하리오? 첩은 유시(乳時)부터 무기

---

419) 당적(當敵) : 적과 마주 싸움.

420) 하마 : 하마터면. 행여나. 어쩌면.

421) 위태할나다 : 위태할 뻔했다.

422) 분기창천(憤氣漲天) : 분노한 기운이 하늘에 참.

423) 자당(自當) : 스스로 대적함.

를 좋아하여 말달리기와 창 쓰기를 연습하였사오니, 금일(今日)에 적장의 용맹을 보오니 당시[425] 명장이오나 족히 두렵지 아니하오니 조금도 의심치 마옵소서."

하며 언미필[426]에 창을 들고 몸을 날려 말에 오르며 번창[427] 대질[428] 왈,

"네 위로는 왕상(王上)을 기망[429]하고 음흉한 뜻을 두어 무의(無義)한 행실을 가지고 중로(中路)에 와 우리를 해(害)코자 한들, 하늘이 도우심이 있고, 또한 너희 중간에 작해(作害)할 줄 이미 알고 장졸을 거느려 왔거늘, 네 감히 항거하니 어찌 분치 아니하리오? 빨리 나와 죽기 재촉하라."

하는 소리 진주로 옥반을 굴리는 듯한지라. 적부리 정신을 진정하여 살펴보니, 일원[430] 소년이 말을 타고 진

---

424) 용검(用劍) : 칼을 씀.

425) 당시(當時) : 이 시대의. 지금의.

426) 언미필(言未畢) : 하던 말이 채 끝나기 전.

427) 번창(飜槍) : 창을 휘두름.

428) 대질(大叱) : 큰 소리로 꾸짖음.

429) 기망(欺罔) : 남을 속임.

전[431]에 횡행[432]함은 제비 같은지라. 적부리 불승분기[433]하여 달려들어 교전(交戰) 70여 합에 불결승부[434]러니, 기러기 또 날개에 모래를 묻혀다가 부리의 면상에 뿌리니, 날개 치는 바람에 두 눈에 모새[435]가 들어가니 눈을 뜨지 못할 즈음에, 공주 칼이 번뜻하며 적부리의 머리 마하(馬下)에 떨어지는지라.

이때에 적진 진중에서 적부리 죽음을 보고, 또 한 장수 장창을 들고 내달아 크게 외쳐 왈,

"너는 조그마한 여[436]라. 내 형을 죽이고 어찌 살기를 바라리오?"

하니 이는 부리의 아우 문이라. 5백 근 철퇴를 들고 달려들어 싸울새, 황성(皇城) 장졸이 접응[437]하여 공주를 도

430) 일원(一員) : 어떤 한 사람. 구성원 중의 한 사람.

431) 진전(鎭前) : 진영(鎭營)의 앞.

432) 횡행(橫行) : 아무 거리낌 없이 마음대로 나다님.

433) 불승분기(不勝憤氣) : 분한 기분을 이기지 못함.

434) 불결승부(不決勝負) : 승부를 결정짓지 못함.

435) 모새 : 보드랍고 고운 모래.

436) 여(女) : 계집.

우니 창검이 서리 같은지라. 문이 더욱 분연하여 서로 싸워 70여 합에 이르러 피차 승승[438]하니, 검술이 신묘함이 진짓[439] 적수[440]라. 공주 정신을 진정하여 무슨 경문을 외우니, 문득 공중으로서 오방신장[441]이 내려와 좌우로 치며 호령 소리 천지진동하는지라. 문이 황겁[442]하여 닫고자[443] 하더니, 문득 공주의 검광[444]이 빛나며, 문의 머리 검광을 좇아 떨어지는지라. 공주 칼을 들어 적부리의 군사를 짓치고자 하다가 문득 깨닫고,

"적부리의 군사나 곧 부마국 생민이라."

하고 일제히 호령하여 세우고 호언[445]으로 개유[446]하

---

437) 접응(接應) : 맞이하여 싸움.

438) 피차(彼此) 승승(乘勝) : 이쪽과 저쪽이 제각기 승세를 타다.

439) 진짓 : 참으로.

440) 적수(敵手) : 재주나 힘이 서로 비슷한 상대.

441) 오방신장(五方神將) : 다섯 방위를 맡아 지키는 신령스러운 장수.

442) 황겁(惶怯) : 겁이 나고 두려움.

443) 닫고자 : 달아나고자.

444) 검광(劍光) : 칼날의 번쩍이는 빛.

445) 호언(豪言) : 의기양양해 호기롭게 하는 말.

여 방송[447]하니, 군사 물러나와 공주의 은택(恩澤)을 송덕하며 만세를 부르고, 군사 일(一)이 주(奏) 왈,

"망발상[448]이 되었사오니, 소졸(小卒) 등이 전배[449] 함을 바라나이다."

공주 허(許)하사 앞세우고, 황성 일행은 뒤를 따라 일행 인마를 거느리고 도성으로 들어갈새, 거리거리 송덕하며 만민이 모다[450] 천만세를 부르며 남녀노소 없이 다투어 구경하더라.

이때, 항의 적부리 형제를 약속하여 보내고 소식을 탐지하더니, 적부리 형제 공주 칼 아래에 죽음을 듣고 분기를 참지 못하여 왈,

"내 적부리를 수족같이 여기는데, 부리 형제 여자의 칼끝에 혼(魂)이 되었으니 장차 내 일을 어찌하리오? 결단코

---

446) 개유(開諭) : 사리를 알아듣도록 타이름.

447) 방송(放送) : 놓아 보냄.

448) 망발상(妄發狀) : 말이나 행동을 잘못해 자신이나 조상에 욕을 보이는 모습.

449) 전배(前陪) : 벼슬아치의 행차 때나 상관에의 배견(拜見) 때 앞을 인도하던 관예(官隸).

450) 모다 : 모이어. 모두.

성의를 죽여 후환을 덜리라."

하고 나오더니, 문득 뒤로서 한 사람이 칼을 들고 내달아 꾸짖어 왈,

"나는 당년[451]에 배를 타고 중로에 마중 나가던 태연이라. 인륜을 모르는 항의 들어라. 네 전일 해중(海中)에서 어진 대군을 죽이려 하거늘, 만류함에 칼로 두 눈을 찔러 모난 판자 쪽에 태워 해중에 밀치니, 이는 사람의 할 바가 아니라. 천도(天道) 명감[452]하사 상한 눈을 다시 뜨고, 영귀(榮貴)하여 고국에 돌아오니 길거[453] 아니하는 자 없거늘, 네 호올로 포악하여 윤기를 모르고 골육을 굳이 해코자 하니 무슨 원수로 그리하느뇨?"

하며 언미필(言未畢)에 칼을 들어 항의의 목을 치니, 머리 땅에 궁그는지라.[454] 이때에 보는 자 뉘 아니 상쾌하게 알리오? 보고 듣는 사람이 다 태연을 의기[455] 남자라

451) 당년(當年) : 그해.

452) 명감(明鑑) : 미래에 대한 정확한 관찰력. 또는 그 관찰.

453) 길거 : 기뻐.

454) 궁그는지라 : 뒹구는지라.

455) 의기(義氣) : 의리와 기개.

칭(稱)하더라. 그러나 태연이 가로되,

"내 이제 항의를 죽임에 장부의 울기[456]는 덜었으나 왕자를 죽였으니 나도 죽는 것이 옳도다."

하고 자결하니 이는 후인을 경계함일레라.

이때 공주 행차 궐문에 이르러, 황제의 군사는 별궁으로 들어가고 공주와 부마는 내궁으로 들어가 양전[457]께 복지배알[458]한대, 중전이 일희일비하사 공주와 대군의 손을 잡고 등을 어루만지시며 가라사대,

"공주는 나의 성부[459]라."

하시고 대군의 전후수말(前後首末) 말씀을 대강 설화하시며, 금번에 나오다가 변란[460] 만난 사연을 문답하시고 자탄하심을 마지아니하시거늘, 공주와 부마 만단으로 위로하시더라.

---

456) 울기(鬱氣) : 답답하고 울울한 기분. 후련하지 못한 기분.

457) 양전(兩殿) : 전하 내외분.

458) 복지배알(伏地拜謁) : 땅에 엎드려 절하고 인사를 올림.

459) 성부(城府) : 마음속에 쌓은 담. 곧 상대에게 함부로 마음을 터놓지 않고 사려 깊은 마음으로 대하는 사람.

460) 변란(變亂) : 사변이 일어나 세상이 어지러움. 또는 그런 소란.

이때 본국 사신이 왕상께 들어가 아뢰되,

"무장 태연이 중로에서 세자를 베고 저도 또한 죽었나이다."

한대, 상이 청파에 가라사대,

"태연이 일절일역[461]이로다. 제가 세자를 죽였으니 어찌 살기를 바라리오? 연이나 세자는 대군의 예로 안장하라."

하시고, 궐내에 대연(大宴)을 배설하고, 황사(皇使)를 대접하고 즐길새 삼태육경[462]이며 만조제신(滿朝諸臣)이 일시에 하례하며 상호 만세하더라.

이때 황사[463] 돌아가기를 청한대, 왕이 허(許)하시고 금은을 많이 상사[464]하시며 천자께 사은(謝恩)하시는 글월을 닦아[465] 주시니. 또 공주와 부마, 황제와 황후낭

---

461) 일절 일역(一節一逆) : 한편으로는 절의요, 한편으로는 거스름.

462) 삼태육경(三台六卿) : 삼공육경(三公六卿). 삼정승과 육조 판서를 통틀어 이르던 말.

463) 황사(皇使) : 황제의 사신. 여기서는 적성의와 함께 온 중국 사신을 일컫는다.

464) 상사(賞賜) : 상으로 내려 줌. 상으로 하사함.

465) 글월을 닦아 : 글월을 지어.

낭[466]께며 호 승상 양위께 글을 닦아 주며 왈,

"그대 먼저 가면 나도 종차[467] 가리라."

하고 반정[468]에 나와 전별하더라.

각설. 이때 공주 태기 있어 10삭(朔)이 당하매 귀자[469]를 탄생하니 활달한 기남자라. 이러구러 세월이 여류하여 3년이 되었는지라. 일일은 부마 기러기를 보다가 옛일을 생각하고 부왕께 주(奏) 왈,

"황상의 덕택과 호 승상의 은공은 여천여해[470]하오니 어찌 모로미[471] 잊어버리리오. 바라건대 부왕은 이 아이로 세자를 책봉하소서. 소자 공주로 더불어 중국에 가 한번 다녀옴을 바라나이다."

왕이 깃거[472] 즉시 왕손으로 세자를 책봉하시고 이름

466) 황후낭낭(皇后娘娘) : 황후마마.

467) 종차(從次) : 뒤따라. 이담에.

468) 반정(返程) : 돌아가는 길.

469) 귀자(貴子) : 귀한 아이. 귀한 아들.

470) 여천여해(如天如海) : 하늘같이 높고 땅같이 깊음.

471) 모로미 : 모름지기.

472) 깃거 : 기뻐.

을 명이라 하시다. 공주와 부마 아자(兒子) 명[473]을 받들어 부왕께 드리고, 부모 양전(兩殿)께 하직하고 나올새, 양 전하 수이[474] 돌아옴을 당부하시더라. 즉시 발행하여 강변에 나와 비선[475]을 타고 들어간다는 선문[476]이 중국에 이르는지라. 순풍을 얻어 오래지 아니하여 중국에 득달[477]하니, 황제 만조백관[478]을 거느려 10리 사장[479]에 나오시사 환영하시는 위의 거동[480]은 일구로 난설[481]일러라. 바로 내전에 들어가 황후낭낭(娘娘)께 배알하고 예단을 드린대, 황후 환열[482]하사 만 리 수로에 무사 도달함

473) 아자(兒子) 명 : 아들 명.

474) 수이 : 쉬이. 쉽게.

475) 비선(飛船) : 나는 듯이 빠르게 가는 배.

476) 선문(先文) : 도착 날짜를 미리 알리는 공문.

477) 득달(得達) : 목적한 곳에 도달함. 목적을 이룸.

478) 만조백관(滿朝百官) : 조정의 모든 벼슬아치.

479) 사장(沙場) : 모래벌판. 모래사장. 해안가 모래밭.

480) 위의(威儀) 거동(擧動) : 위엄 있는 태도와 몸가짐.

481) 일구(一口)로 난설(難說) : 한마디 말로 표현할 수 없음.

482) 환열(歡悅) : 환희(歡喜). 매우 기뻐함.

을 반기시며, 안평국 표문[483]을 보시니 사연(事緣)의 언어가 공순한지라.

이튿날 공주와 부마 호 승상 댁으로 나아가니 승상 양위[484]와 소저 못내 반기며 3년 기루던[485] 정과, 귀자(貴子)를 낳아 세자로 책봉함을 더욱 길거하시더라. 이후로부터 천자 대연(大宴)을 배설하시고 승상의 일가를 청하여 날마다 즐기니 천하가 태평하더라.

이때 부마 공주로 더불어 승상 양주[486]를 친부모같이 대접하더라. 이때 호 소저는 유 승상의 공자와 결혼하시고, 부마와 유 승상 아자(兒子)로 더불어 친남매같이 지내니라.

각설이라. 당년 추칠월(秋七月) 망간[487]에 황제 붕[488]하시니, 또 황후 애통해하시다가 진하사 삼일지간에 천붕

483) 표문(表文) : 황제나 임금에게 올리던 글.

484) 승상(丞相) 양위(兩位) : 승상 내외분.

485) 기루던 : 그리워하던.

486) 승상(丞相) 양주(兩主) : 승상 내외분.

487) 망간(望間) : 음력 보름께.

488) 붕(崩) : 천자의 죽음.

지탁[489]을 당하매, 공주와 부마 초종례[490]를 극진히 하고 지성으로 복제(服制)를 지내더니, 또 명년[491] 추구월에 호 승상 양위 연만(年滿) 구십이라 기세[492]하시니 호 소저와 부마, 공주 애통함을 부모같이 하더라. 초종례를 극진히 하여 선산에 안장하고 삼년초토[493]를 지낸 후에, 부마 환국할 뜻을 생각하고 신 황제께 들어가 귀국함을 고한대, 황제 못내 연연하시며 공주와 부마를 차마 놓지 못하사 대연(大宴)을 배설하시고 수일을 서로 길긴 후,[494] 보화를 많이 봉하사 공주께 상하시고 전별[495]하는 정은 비할 데 없더라.

---

489) 천붕지탁(天崩地坼) : 요란한 소리에 하늘이 무너지고 땅이 터져 나갈 듯이 흔들려 움직임. 제왕의 죽음이나 큰 재앙 등 중대한 사변을 비유적으로 이르는 말이다.

490) 초종례(初終禮) : 초종장례(初終葬禮). 상이 난 때로부터 졸곡(卒哭)까지 치르는 온갖 예식.

491) 명년(明年) : 이듬해.

492) 기세(棄世) : 세상을 버림. 돌아가심.

493) 삼년초토(三年草土) : 삼년상. '초토'는 거적자리와 흙 베개를 말하는데, 부모의 상(喪)을 당하고 3년 동안 거상(居喪)하는 일이다.

494) 길긴 후 : 즐긴 후.

495) 전별(餞別) : 떠나는 사람을 위하여 잔치를 베풀다.

당년(當年) 추(秋)에 본국으로 돌아올새, 조정 백관들이 10리 외(外)에 나와 전송하며, 호 소저는 서로 이별하는 정을 어찌 다 칭량하며 기록할까?

"슬프다! 부마와 공주는 부디 형제지의를 잊지 마옵소서."

하며, 서로 잡고 창연[496]하여 눈물이 비 오듯 흐르며 애연히 작별하고, 내외 궁 시녀들과 궁정 노비들도 다 연연하더라. 즉일에 발행하여 배에 올라 여러 날 만에 본국에 돌아와 부왕과 모후께 뵈온대, 중국 안[497]을 물으신 후에 무사히 돌아옴을 못내 깃거하시더라.

일일은 부마 부왕께 주(奏) 왈,

"신이 석년[498] 서역에 갈 제, 데리고 가서 다 죽인 사람의 자손을 찾아 중용코자 하나이다."

한대, 상이 왈,

"머물러 있으라."

하시거늘, 이때에 왕상(王上)의 춘추 높으사 부마로 전

---

496) 창연(愴然) : 슬퍼서 마음이 아픔.

497) 안 : 안부.

498) 석년(昔年) : 여러 해 전. 옛날.

위[499]하시매 부마 즉위하시니 요순의 덕이 있는지라. 백성을 인의로 다스리고, 부세[500]를 반감하고, 옥문을 통개[501]하라 하시니 신민의 송덕[502]이 사해에 가득한지라.

일일은 만조제신(滿朝諸臣)의 조회를 받고 하령[503] 왈,

"짐이 석년(昔年) 서역에 들어갈 제 동행하던 격군(格軍) 짐으로 더불어 일신과 같이 연파(煙波) 누만 리를 행하여, 도리어 불측지환을 당하여 10여 인명(人命)을 해중에 고혼이 되기는 짐으로 인연함이라. 어찌 생각이 없으리오?"

하시고, 그 자손을 찾아 저저이[504] 관작을 봉하시고, 각각 결총[505] 백 결(結)씩을 끊어 상사(賞賜)하시고,

---

499) 전위(傳位) : 왕위를 후계자에게 전해 줌.

500) 부세(賦稅) : 세금을 매겨서 부과하는 일.

501) 통개(洞開) : 문짝 따위를 활짝 열어젖뜨림.

502) 송덕(頌德) : 공덕을 기림.

503) 하령(下令) : 명령을 내림.

504) 저저(這這)이 : 낱낱이. 모두.

505) 결총(結總) : 결복(結卜)의 총수(總數). 결복은 토지 면적을 표시하던 단위.

"충혼당을 지어 춘추에 향화[506]하라."

하시고, 태연을 봉하사 절익공[507]을 하이시고 축문과 향촉을 내리시니, 신민(臣民)의 송덕(頌德)이 날로 더하고, 그 자손들은 성은[508] 축사[509]하며 만만세를 축수(祝壽)하더라. 상(上)이 또한 서역의 금광보탑존자[510]의 은혜를 잊지 못하사 화상을 그려 전각에 모시고 사시(四時) 분향(焚香)하시니라.

일일은 기러기 슬피 울고 전상(殿廂)[511]에 와 앉거늘 왕이 문(問) 왈,

"네 고토를 생각하여 우느냐?"

기러기 고개를 들어 응하거늘,

"내 너로 하여금 평생을 떠나지 말자 하였더니, 네 이제

---

506) 향화(香火) : 향을 피운다는 뜻으로, '제사'를 이르는 말.

507) 절익공 : 미상. 절의공(絕義公, 의를 다한 공신), 또는 시호(諡號)로 쓰이는 정익공(貞翼公)으로 추정.

508) 성은(聖恩) : 임금의 은혜.

509) 축사(祝辭) : 경축하고 사례함.

510) 금광보탑존자 : 적성의가 일영주를 구하러 서역에 갔다가 만난 별세계의 인물.

511) 전상(殿上) : 임금이 거처하는 집.

가고자 하니 말리지 못 하려니와 너의 공을 생각하면 여산여해[512]로 비할쏘냐? 만리장천(萬里長天)에 서신(書信) 매고 다니던 일과, 접전(接戰) 시에 힘을 다하여 도우던 일을 낱낱이 생각하면 백골인들 잊을쏘냐. 슬프도다! 이제 가면 다시 보진 못하리라."

하시고 기러기 모상(模像)을 그려 벽상(壁上)에 걸고 옛일을 생각하고 슬퍼하시더니, 기러기 공주 좌전(座前)에 앉아 슬픈 소리로 여러 마디를 울더니, 날개를 펴고 중천에 높이 떠서 너울너울 북천으로 가더라. 이때 왕이 기러기 가는 모양을 보시고 식음을 불감[513]하시더라.

세월이 여류(如流)하여 고왕(古王) 양(兩) 전하 연만(年滿) 팔순(八旬)에 양위(兩位) 다 붕(崩)하시니 인산[514]하사 광릉[515]에 모시고 종묘[516]에 배향[517]하시더라.

---

512) 여산여해(如山如海) : 산같이 높고 바다같이 깊음.

513) 불감(不堪) : 견디어 내지 못함. 감당하지 못함.

514) 인산(因山) : 국장(國葬).

515) 광릉(壙陵) : 임금의 무덤. 큰 무덤.

516) 종묘(宗廟) : 왕가의 사당.

517) 배향(配享) : 신주를 모심.

세월이 여류(如流)하여 전하의 춘추[518] 사순(四旬)이라. 당년 춘삼월에 운각대에 잔치를 배설하고 문무백관을 모아 종일 진하[519]하시더니. 춘풍이 건듯 부니 향취가 진동하고 춘조(春鳥)는 다정하여 꽃가지에 날아 앉아 호사(豪奢)를 자랑하고, 층층 화계[520]에 봉접[521]이 분분[522]하니 풍경이 장히[523] 좋다. 무산(巫山) 12봉은 채운(彩雲)이 어려 있고, 서북을 바라보니 만 리 창해에 약수가 둘러 있고, 동남으로 바라보니 옛 생각이 새로웁다. 중국이 장원(長遠)한대 기러기 가고 없으니, 소식 전송(傳送) 어이하리. 왕이 비회를 금치 못하시니 문무제신(文武諸臣)이 위로하여 왈,

"전하의 덕화[524] 일국[525]에 덮였삽고 명망은 천하에

518) 춘추(春秋) : 어른의 나이.

519) 진하(陳賀) : 축하의 자리를 펼침.

520) 화계(花階) : 화단. 꽃밭.

521) 봉접(蜂蝶) : 벌과 나비.

522) 분분(紛紛) : 이리저리 어지러이 흩날리는 모양.

523) 장히 : 매우. 몹시.

524) 덕화(德化) : 덕으로 교화함.

진동하였삽거늘 어찌 비회[526]하시리이까?"

하며 일제히 모아 서서 만세를 부르니 진실로 태평세계라 하더라. 일모서산[527]하매 잔치를 파하시고 환궁하시다.

금왕(今王) 즉위 10년에 왕화[528] 일국에 펴였으니 근농학무[529]하여 국부민강[530]하니 요지일월[531]이요, 순지건곤[532]이라. 왕비 삼자이녀(三子二女)를 두었으니 개개이 기남자(奇男子)라. 청수한 골격이며 활달한 거동이 모두 그 부친을 닮았는지라. 왕후 낭낭(娘娘)이 또한 연요[533]한 자태와 지용(智勇)을 겸전[534]하였으니 금세에 무

525) 일국(一國) : 온 나라.

526) 비회(悲懷) : 슬픈 생각이나 감정.

527) 일모서산(日暮西山) : 해가 서쪽 산으로 넘어감.

528) 왕화(王化) : 왕의 교화. 임금이 덕으로써 백성을 복종시키는 일.

529) 근농학무(勤農學務) : 농사일을 부지런히 하고, 배우기를 힘씀.

530) 국부민강(國富民康) : 나라는 부유하고 백성의 삶은 편안함.

531) 요지일월(堯之日月) : 요임금 때의 세월.

532) 순지건곤(舜之乾坤) : 순임금 때의 세상.

533) 연요(姸姚) : 곱고 예쁨.

쌍(無雙)이라. 두 공주가 장성하매 월태화용[535]이 침어낙안지상[536]이요 수화지태[537]를 가졌으니 영양 공주[538]에 비기더라. 성자성손[539]이 개개(箇箇)[540] 승승[541]하고 국태민안[542]하여 도불습유[543]하고 산무도적[544]하니 격양가[545]를 부르며,

---

534) 겸전(兼全) : 두루 갖춤.

535) 월태화용(月態花容) : 꽃다운 얼굴과 달과 같은 자태. 아름다운 여인의 모습을 이르는 말.

536) 침어낙안지상(沈魚落雁之狀) : '고기는 부끄러워서 물속으로 들어가고 기러기는 부끄러워서 땅에 떨어진다'는 뜻으로, '미인'의 형용.

537) 수화지태(繡畫之態) : 수를 놓아 그려 낸 듯한 자태.

538) 영양 공주(英陽公主) : 《구운몽》의 정경패. 흔히 선녀처럼 예쁜 공주를 가리키는 말로 쓴다.

539) 성자성손(聖子聖孫) : 성스러운 왕의 자손.

540) 개개(箇箇) : 하나하나. 모두.

541) 승승(繩繩) : 대가 끊어지지 않음.

542) 국태민안(國泰民安) : 나라가 태평하고 백성이 편안함.

543) 도불습유(道不拾遺) : 길에 떨어진 물건을 주워가는 사람이 없음.

544) 산무도적(山無盜賊) : 산에는 도적이 없음.

545) 격양가(擊壤歌) : 풍년에 농부가 태평세월을 구가하며 부르는 노래.

"우리 왕상[546]은 태평동락[547]으로 만만세지 무궁하옵소서."[548]

하더라.

《적성의전》 하 종.

사적이 대단 좋습니다.[549]

546) 왕상(王上) : 임금님.

547) 태평동락(太平同樂) : 태평세월을 함께 즐김.

548) 만만세지 무궁하옵소서 : 천 년 만 년 끝없이 누리소서.

549) 사적이 대단 좋습니다 : 이 부분 아홉 자는 판각한 사람이나 원고 초안자의 《적성의전》에 대한 평가를 드러내고 있는 것으로 보인다.

뎍셩의젼*

권지상(卷之上)

* 완판 74장본 《적성의전》은 첫 장 첫 줄의 작품명(뎍셩의젼)과 함께 둘째 줄(송나라… 나라리 잇)이 음각이다. 셋째 줄부터는 모두 양각이고 판심에 보이는 작품명도 '뎍셩'이 아니고 '젹셩'이며, 하권의 작품명도 '젹셩의젼'이다. 이들의 실상과 의미에 대해서는 해설 부분을 참조.

송나라 시절의 강남의 안평국리라 하는 나라리 잇쓰되 지방이 슈쳘요 남북으로 딕히가 둘너 잇고 옥야쳘이의 인무리 번셩ᄒᆞ야 의관문물리 즁국과 다르미 업더라. 국왕의 셩은 젹이요 명은 덕이니 젹문공의 십사ᄃᆡ 손이라. 직위 팔연의 정사하미 요순 갓탄지라 국틱민안하여 산무도젹ᄒᆞ고 도술습유ᄒᆞ야 쳐쳐의 격양가을 불너 틱평 시절을 자랑ᄒᆞ더라.

잇ᄃᆡ 국왕이 왕비로 더려 동쥬 사십여 연의 두 아달을 두어쓰되 장자의 일홈은 향의요. 차자의 일홈은 셩의라 위인이 정직ᄒᆞ고 셩품이 순후ᄒᆞ미 진지 관후장ᄌᆡ라. 겸ᄒᆞ야 효셩이 지극ᄒᆞ니 왕의 부뷔 ᄆᆡ양 사랑ᄒᆞ야 금지옥엽에 장중보옥 가치 여이사 왈 당시 '셩의는 식 즁의 봉황이요 주슈 가온ᄃᆡ 기린리라' 하시고 장차 셩의로 셰자를 봉ᄒᆞ리라 하시더라.

차시의 향의 본심이 불양한 즁의 그 부모 셩의 사랑ᄒᆞ물 보고 ᄆᆡ양 시기하야 심즁의 히할 쓰슬 품고 지ᄂᆡ더라. 잇ᄃᆡ 향의난 나이 십사 셰요 셩의난 연이 십 셰라.[1] 왕이 셩의로 셰자를 봉ᄒᆞ고자 하신ᄃᆡ 만조제신이 간 왈,

1) 연이 십셰라 : 문맥상 '연 십이셰라'의 오각인 듯.

"딕왕의 셩덕이 천지의 가득하시믹 셰자 형졔를 두어 계시니 만민의 복이요 사즉의 다힝여날, 이졔 젼하 엇지 천명을 거사려 박구러 하시니 신등은 셩심의 쓰슬 아지 못ᄒᆞ리로소이다."

왕이 졔신의 말을 드르시고 침음양구의 향의로 셰자을 봉하시니라.

당연 모춘의 왕비 우연 득병하야 병셰 점점 침즁하믹 궁즁이 소동ᄒᆞ고 조정이 근심되야 명의 양약으로 다사리되 반졈 차효 업셔 병셰 날노 더한지라.

잇딕 왕이 크게 근심하ᄉᆞ 정사를 폐하시고 방곡의 ᄒᆞ조ᄒᆞ사 명의를 구지하시더라. 차시의 셩의 모후 침소를 써나지 안이하고 주야로 약을 맛보와 권하며 효셩으로 시위ᄒᆞ야 하날게 축수 왈,

"천지일월셩신은 감응ᄒᆞ옵소셔. 모비의 병셰가 진지 천명일진딕, 불초자 셩의로 딕명ᄒᆞ옵시고, 모후의 명을 이어 살여주옵소셔."

ᄒᆞ며 축수하기을 마지 아니 하더니, 천지 엇지 무심ᄒᆞ리요.

일일른 한 도사 궐문 밧기 와 납명ᄒᆞ고 왕비의 병셰을 뭇거늘, 차의을 고한딕 왕이 드르시고 인견ᄒᆞ라 ᄒᆞ시니 도사 드러가 예필좌정 후의, 왕이 문왈,

"그듸 엇듸로부터셔 이에 리르며 무삼 양약을 가라치고자 하야 와난요?"

도사 왈,

"빈도난 아란존자의 후여라. 일즉 듯사오니 셔히 광덕왕이 하기을, '안평국 왕비 병세가 극즁흔지라, 만일 윤힝도사가 아니면 살일 길리 업시리라' 하기로 불원쳘이ᄒᆞ고 왓삽거니와, 듯사오니 왕자 셩의에 효셩을 쳔지 감동하련이와 비후 병세 위즁ᄒᆞ오니 옥수를 노끈으로 믹여 창 박그로 닉여 보닉라 하소셔."

왕이 듸희하야 즉시 승젼을 명하사 차의을 즁젼의 고하니, 셩의 병셕의 모셧ᄯᅳ가 모비게 차의을 고ᄒᆞ고 실노로 왕비의 손목을 믹여 문밧기로 닉여 녹코 모비을 위로ᄒᆞ더니, 도인이 드러와 그 실긋슬 잡고 이윽히 집믹한 후의 물너나와 왕게 고왈,

"닉궁 환우을 집장ᄒᆞ온즉 병이 복즁의 믹쳐스니 안졍이 히미할지라 병세 만분 위틱ᄒᆞ오니, 빈도 아난 바 만일 릴영쥬을 구하지 못ᄒᆞ오면 왕비의 귀한 명을 구할 기리 업난이다."

하거늘, 왕이 문왈,

"그러하면 일영난 어듸 잇난 약인잇고?"

도사 듸왈,

"셔천 셔역국 청용사의 잇사오나 젹셩의가 안이면 엇지 못ᄒᆞ오리다."

하고 팔을 드러 읍ᄒᆞ고 게하의 나려가더니 두어 거름의 문듯 간 ᄃᆡ 업난지라. 셩의 크게 신기히 여겨 즁천을 향하야 ᄇᆡ사하고 부왕게 고왈,

"소자 비록 연소하오나 셔쳔의 가셔 일영주을 어더 올가 하는이다."

왕 왈,

"네 효셩이 지극하나 셔쳔은 하날가이라. 만경창파의 션쳑을 타고 지힝을 엇지 아라 득달하며, 또 약수 삼쳔리가 잇스니 나는 ᄉᆡ 김싱의 짓도 가라안는다 하거늘 웃지 약수를 건네리요. 가장 오활한 말을 말나."

하시고 ᄂᆡ젼의 드러가 도사의 하던 말을 젼한ᄃᆡ 왕비 ᄃᆡ왈,

"허탄한 도사의 말을 듯고 지원한 셔역을 엇지 가리요. 인명이 ᄌᆡ쳔하니 과도이 근심치 말나. 일영주 엇지 사람을 살이리요. 아히는 망영된 의사를 두지 말나."

하시니 셩의 엿자오ᄃᆡ,

"옛적의 틱향산 운림쳐사는 일광노의 명을 바다 향산의 가 약을 어더 한헌졔의 장평공쥬의 명을 구하여스니 도사의 마리 비록 허망ᄒᆞ다 ᄒᆞ오나 소자 이졔 신통을 어

더ᄉᆞ오니 결단코 가셔 약을 어더다가 모후의 환우을 구하옵고 소ᄌᆞ의 불효를 만분지 일이나 면할가 하나니다."

왕비 옥수로 셩의를 어로만지며 왈,

"셕일 진시황의 위엄으로도 셔역을 건네들 못ᄒᆞ엿거늘 네 이졔 가려하니 효셩이 지극한지라. 지셩이면 감천이라, 요힝으로 약을 어더온들 ᄂᆡ 엇지 차도을 바ᄅᆡ리요. 너을 보ᄂᆡ고 병즁의 심여되리로다."

하시니 셩의 ᄃᆡ비 왈,

"모후난 과도이 시러 마르소셔. 소자 왕환이 오ᄅᆡ지 아니하린이 기간 보즁하소셔."

ᄒᆞ고 즉시 션쳑을 준비하여 젹국 십여 명을 다리고 써날ᄉᆡ 부왕과 모후게 하직을 고한ᄃᆡ 왕비 왈,

"네의 지셩을 막지 못ᄒᆞ거니와, 주야의 엇문지망 억졔하리요. 다만 쳔위신조ᄒᆞ시무로 무사이 도라오물 바라거니와, 불힝ᄒᆞ여 지하의 도라간들 눈을 감지 못하리로다."

ᄒᆞ시고 눈무를 흘이시거늘 셩의 ᄃᆡ삼 위로ᄒᆞ고 인ᄒᆞ여 발힝할ᄉᆡ, 동문으로 나와 ᄇᆡ을 타니 동남으로 순풍이 리러나 ᄇᆡ 색르기 살갓튼지라. 힝션한지 칠 일만의 ᄃᆡ풍이 리러나 파두가 요란ᄒᆞ더니 순식간의 한 셤을 다달나 ᄇᆡ을 ᄆᆡ고 ᄒᆞ날을 우르러 탄식 왈,

"여차 풍파나 이몸은 두렵지 아니하여도 이제난 모비의 존망을 아지 못ᄒᆞ리로다. 유유한 창천은 셩의 미셩을 도우사 셔역을 수이 가게 ᄒᆞ옵소셔."

ᄒᆞ고 축수하기을 마지 아니하더라.

셩의 사공다려 문왈,

"예셔 셔역이 얼마나 나마스리요?"

사공이 ᄃᆡ왈,

"이 ᄯᅳᆨ은 셔히오니 수쳘이만 가오면 염조셤이 잇삽고 그 셤의셔 수쳘이를 가면 영보산이 보이나니다."

셩의 탄왈,

"망망창ᄒᆡ의 동셔을 분별ᄒᆞ나 언제나 득달ᄒᆞ리오?"

ᄉᆞ공 왈,

"이곳은 소상강이라 ᄉᆞ면의 산이 업건이와, 약수ᄂᆞᆫ 하늘가이오니 일 년을 간들 엇지 가오릿가? 헤아리건ᄃᆡ 양진을 보오면 셔천을 바ᄅᆡ보오리다."

직시 힝션ᄒᆞ여 ᄒᆞᆫ 곳에 다다르니 홀연 풍낭이 이러나며 우뢰갓흔 소ᄅᆡ 나며 바다희 뒤눕ᄂᆞᆫ 듯ᄒᆞ거날 쥬즁지인이 경신을 수십지 못ᄒᆞ야 엇지 할 줄 모로던이 일홈 모로ᄂᆞᆫ 짐싱이 ᄒᆡ즁으로조ᄎᆞ 오며 입으로 물을 토ᄒᆞ니 파두 흉흉ᄒᆞ며 ᄇᆡ을 요동ᄒᆞ니 션인 등이 혼비ᄇᆡᆨ산ᄒᆞ여 황황ᄒᆞ거늘 셩의 앙텬 축수 왈,

"소ᄌᆞᄂᆞᆫ 안평국 왕ᄌᆞ 적셩의이러니 모친의 환후 위즁하와 셔천에 드러가 일영쥬을 구ᄒᆞ려 ᄒᆞ오니 복원 쳔지 신명과 셔히 용왕은 소ᄌᆞ의 절박ᄒᆞᆫ ᄉᆞ정을 살피ᄉᆞ 셔역에 득달ᄒᆞ와 약을 어더 가게 ᄒᆞ소셔."

그 짐싱이 문득 간 ᄃᆡ 업고, 물결이 고요ᄒᆞ며 쳔지 명낭ᄒᆞ던이 일위 션관이 편쥬을 타고 봉미션을 들어 일광을 가리오고, 쳥의 동ᄌᆞᄂᆞᆫ 션두에 셔셔 옥져을 불고, 두으로 ᄯᅩ ᄒᆞᆫ 션관이 ᄉᆞᄌᆞ을 타고 ᄇᆡᆨ우션을 쥐고 나ᄂᆞᆫ 다시 지ᄂᆡ며 ᄒᆞᆫ 곡조을 을푸니 그 곡됴에 ᄒᆞ엿시되,

ᄐᆡ황산 놉흔 봉은 하늘에 다핫고
약수 야흔 물은 날짐싱의 깃셜 잠구ᄂᆞᆫᄯᅩ다.
망영된 져 아희ᄂᆞᆫ 일엽쥬을 네가 타고 어ᄃᆡ로 향할고?

하거ᄂᆞᆯ 셩의 ᄌᆞ연 슬푸고 ᄭᆡ다라 워여 왈,

"수샹 션관은 길일흔 사ᄅᆞᆷ을 구하소셔."

하니 그 션관이 쳥이불문ᄒᆞ고 가거ᄂᆞᆯ 셩의 탄왈,

"수상으 션관이 왕ᄂᆡ하니 션경이 불원하ᄂᆞ, 뉘을 보고 무러보며 어ᄃᆡ로 힝ᄒᆞ리요?"

하며 앙쳔 탄왈,

"불효자 셩의 모후 병세 침즁ᄒᆞ믈 위하여 셔역으로

일령주를 구ᄒᆞ려 가오니 쳔지신명은 감동ᄒᆞ사 일영쥬를 엇게 ᄒᆞ옵소셔."

빌기을 마치ᄆᆡ 문득 운무 즁으로셔 힝ᄂᆡ나며 탄금지셩이 나거ᄂᆞᆯ 셩의 눈을 드러 살펴보니 쳥포션관이 파초닙을 타고 거문고을 히롱ᄒᆞ며, 또 한 션관은 고ᄅᆡ을 타고 흑건을 쓰고 풍월을 을푸며, 고ᄅᆡ 탄 션관이 문왈,

"네 엇던 속ᄀᆡᆨ이관ᄃᆡ 인간 ᄇᆡ을 타고 어ᄃᆡ로 가난다?"

셩의 ᄃᆡ왈,

"소자는 안평국 왕자옵던이 모후의 병이 위즁하옵더니, 쳔힝으로 도인의 가[라]치시믈 듯삽고 셔쳔으로 일영쥬을 구하려 가오니 바ᄅᆡ건ᄃᆡ 션관은 길을 가라치소셔."

ᄒᆞ며 지셩으로 ᄋᆡ걸한이 션관이 왈,

"나ᄂᆞᆫ 봉ᄂᆡ, 방장, 영쥬을 다 구경ᄒᆞ엿시되 셔쳔을 보지 못ᄒᆞ여거던 너갓탄 어린 아히 속ᄀᆡᆨ이 엇지 약수을 건네리요. 밧비 도라가 네으 부모 얼골이나 다시 보미 오를가 ᄒᆞ노라."

셩의 다시 ᄌᆡᄇᆡ 왈,

"소자 모친을 위ᄒᆞ여 죽기가 원이옵건이와, ᄒᆡ즁 표류 팔십 일의 종시 셔쳔을 보지 못ᄒᆞ고 죽사오면 무삼 면목으로 지하의 도라간들 부모을 뵈오릿가? 바ᄅᆡ건ᄃᆡ 복원 션관은 ᄒᆞ히지은을 베푸사 약을 어더 도라가게 하소셔."

하니 파초 션관이 탄금을 물이치고 왈,

"네의 졍셩이 지극ᄒᆞ도다. 나히 몃 살니요?"

셩의 ᄃᆡ왈,

"십이 셰로소이다."

션관이 소왈,

"먼져 가던 션관을 보왓난야?"

셩의 ᄃᆡ왈,

"여러 션관 지ᄂᆡ가시되 본쳬도 아니하더니다."

하며 왈,

"이졔야 어진 션관을 보왓ᄂᆞ이다. 소자의 소원을 리우게 하여 주옵소셔."

하니 션관이 왈,

"연소 쳑동이 자모을 위하여 누말이 험노의 쳔신만고하여 왓시니 네 효셩을 족히 하늘리 감동하실지라. ᄂᆡ 엇지 구치 아니하리오. 다만 속ᄀᆡᆨ은 약수을 건네지 못ᄒᆞᄂᆞ이 션인등과 ᄇᆡᆨ을 이 수변의 머무르고 너만 파초션으 오르라."

하거늘 셩의 즉시 수변의 ᄇᆡᆨ을 ᄆᆡ고 사공을 쳔만 당부하고 션관을 ᄯᆞ라갈ᄉᆡ, 션관이 부작을 쥬며 왈,

"이 부작을 몸의 진이면 ᄒᆡ즁 귀신이 범치 못ᄒᆞᄂᆞ리라."

하고 거문고을 타며 표연이 가거늘 셩의 십분 환히하야 가더니, 순식간의 한 곳의 다다르니 이 고슨 셔천이라.

션관이 왈,

"동문으로 드러가 금불보탑을 ᄎᆞ자 존자을 뵈와 지셩으로 약을 구ᄒᆞ라."

셩의 복지 ᄃᆡ왈,

"약을 엇ᄊᆞ온들 엇지 이 곳슬 차자오며 션관이 안이 게시면 엇지 ᄒᆞ릿가?"

션관 왈,

"그난 염여말고 정셩으로 약을 구ᄒᆞ라. 나는 봉ᄂᆡ산 자각봉의 젹송ᄌᆞ 왕ᄌᆞ진 엄군평 두목지로 기약ᄒᆞ엿기로 잠간 가 단여 일광노 션싱을 뵈압고 삼 일만의 도라와 이곳으 와 기달일 거시니 의심치 말나."

ᄒᆞ고 거문고을 히롱ᄒᆞ며 ᄎᆡ운을 타고 문듯 간 ᄃᆡ 업거늘.

차셜, 셩의 몸을 두루여 점점 나어가니 층층봉두에 취란 공작이며 봉황이 왕ᄂᆡᄒᆞ고 기화요초가 쳐쳐의 무셩한듸 창송녹죽은 벽게의 둘너잇고 셔천 팔십사 봉이 경기 졀승한지라. 진실노 베류세게로다. 셩의 졀승한 풍경을 조ᄎᆞ 드러가니 오운이 영농ᄒᆞᆫ듸 정신이 쇄락ᄒᆞ거늘 ᄎᆡ운간으로 점점 드러가니 층층ᄃᆡ 상의 황금누각이 영농ᄒᆞ고 옥누 금젼은 반공의 소사 굉장한ᄃᆡ, 칠십 층 ᄃᆡ보탑은 벽공의 연ᄒᆞ엿고, 상운학무ᄂᆞᆫ 사면의 둘너ᄂᆞᆫᄃᆡ 츙만암자의 팔만ᄃᆡ장경 외오ᄂᆞᆫ 소ᄅᆡ 귀에 사못쳐 ᄌᆡᆼᄌᆡᆼ한지라. 셩의 십분 조심ᄒᆞ여 보탑 아ᄅᆡ로 갓가이 나려가니 이팔 소승이 얼골이 ᄇᆡᆨ옥이라 ᄉᆞᆨ갈을 쓰고 경문을 외오며 나오다가 셩의을 보고 합장 왈,

"이 곳슨 십방세계라, 속ᄀᆡᆨ이 엇지 오신잇가?"

셩의 공순이 답예ᄒᆞ고 가로ᄃᆡ,

"나ᄂᆞᆫ 안평국 사람일넌이 천셩금불 보탑존자을 뵈오려 왓ᄉᆞ오니 어ᄃᆡ 계신잇가?"

화상이 왈,

"보탑존자은 금강천불ᄃᆡ사라. 인간 육신으로 이 곳슬 드러왓스니 정셩을 가히 알지라. 그ᄃᆡ 정셩을 신령이 감동하미나 그러나 마음이 부정ᄒᆞ면 ᄃᆡ사를 보지 못할지라. 물너가 칠 일 ᄌᆡ게 후의 ᄃᆡ사를 보소셔."

ᄒᆞ거ᄂᆞᆯ 셩의 ᄋᆡ연낙누하며 ᄌᆡ비 왈,

"소자 무변광ᄒᆡ의 두류ᄒᆞ와 쳔신만고ᄒᆞ여 왓삽거ᄂᆞᆯ 엇지 물너가 칠 일을 머물잇가? 바ᄅᆡ건ᄃᆡ 존사는 살피사 일각이 삼추 갓사온 셩의 마음을 불상이 여기지 아니 하시면 차라리 이 곳의 죽어 사부의 어엿비 여기시물 바라나니다."

하니 ᄃᆡ사 왈,

"이곳을 한 번 보면 삼ᄌᆡ팔난얼 소멸ᄒᆞᄂᆞ니 귀ᄀᆡᆨ의 효셩이 창쳔의 사뭇차ᄂᆞᆫ지라. 작일의 존자 분부하시되, '명일 유시의 안평국 왕자 ᄂᆡ게 올 거시니 오던 즉시에 알외라' 하시더니, ᄉᆡᆼ각건ᄃᆡ 그ᄃᆡ를 이르시미라."

ᄒᆞ고,

"잠간 머무쇼셔."

ᄒᆞ며 드러가더니 이슥고 나와 청하거ᄂᆞᆯ 셩의 ᄯᆞ라 드러가니 칠층 젼각의 일위 존자 머리에 누린 송낙을 쓰고 칠건 가사를 메고 좌수의 금강경을 쥐고 우수로 ᄇᆡᆨ팔염주를 두루며 경문을 외오니 좌편의 오ᄇᆡᆨ 나한이며 우편의 칠ᄇᆡᆨ 즁더리 합송ᄒᆞ니 송경 소ᄅᆡ 반공의 사뭇 차ᄂᆞᆫ지라.

셩의 칠보ᄃᆡ 아ᄅᆡ의셔 ᄌᆡᄇᆡ한ᄃᆡ 존자 왈,

"ᄂᆡ 일즉 수도ᄒᆞ여 쳔하제국 즁ᄉᆡᆼ의 션악을 보난지라. 이졔 네 효도ᄒᆞ여 위친지셩이 지극ᄒᆞ여 극낙 셔역이 창히 누말이여날 부모의게 호드ᄒᆞᄆᆡ 위친지셩으로 질을 삼마 금일노 올 졸을 알아던이 과연 오도다."

ᄒᆞ며 환약 일봉을 주며 왈,

"이 약이 일영주니 밧비 도라가 모환을 구ᄒᆞ라. 너ᄂᆞᆫ 본ᄃᆡ ᄒᆞ계 사람이 아니라. 젼셰의 묘일셩신과 혐의잇더니 금세의 형졔되믹 허다 곤익이 잇스나 필경의 원한을 풀 나리 잇스리라."

하고 인하여 동자을 명ᄒᆞ여 구실 갓튼 약 두 기을 가져다가 셩의을 주며 왈,

"이 약이 일령주니 가지고 쌜이 도라가라. 기간의 혹시 명이 진ᄒᆞ엿슬지라도 이 약을 가라 이삼ᄎᆞ를 머기면 회싱ᄒᆞ여 빅병 소삭ᄒᆞᄂᆞ니라."

ᄒᆞ시고 나가기를 직촉ᄒᆞ거늘 셩의 존자을 힝ᄒᆞ야 고두 빅빅 사례ᄒᆞ고 물너ᄂᆞ와 길을 ᄎᆞᄌᆞ 청산벽계을 지ᄂᆡ여 ᄂᆡ러오니 압푸 약수 가리엿더라.

주져ᄒᆞ더니 문득 청이한 져 소릭 들리거늘, 셩의 셔셔 바릭보니 일편 빅운이 써오며 웨여 왈,

"안평국 왕자는 일령주을 어더오는다?"

ᄒᆞ거늘 셩의 응셩ᄒᆞ고 급피 ᄂᆞ오니 이는 곳 동방삭이라. 셩의 직빅 왈,

"션관이 지시하시무로 약을 어더 오ᄂᆞ이다."

션관 왈,

"그 지극한 효셩을 존자 감동ᄒᆞ시무로 어더 왓거늘 엇지 나을 층찬ᄒᆞ릿고?"

ᄒᆞ시며 청ᄒᆞ여 파초션을 틔우고 왈,

"셔역 풍경을 다 귀경ᄒᆞ랑이면 칠 연을 두류한들 엇

지 다 보리오."

ᄒᆞ고 순식간의 강변의 다다르니 사공등이 일시의 ᄇᆡ을 타고 나와 마지며 반기여 무사이 도라오믈 무수이 치하하고 못ᄂᆡ 길거하더라. 또 약 어든 사연을 듯고 충찬 왈,

"우리 ᄃᆡ군주ᄂᆞᆫ 진실노 천상 션관리로다."

하더라. 셩의 파초션의 ᄂᆡ리니 션관이 파초션을 두루여 만경창파의 표연이 가거ᄂᆞᆯ, 셩의 션관을 힝ᄒᆞ여 ᄇᆡᆨᄇᆡ 사례ᄒᆞ고 인ᄒᆞ여 ᄇᆡ의 올나 돗슬 달고 힝ᄒᆞ더니 또 순풍을 만나 ᄇᆡ ᄲᆞ르기 살 갓더라.

차셜, 잇ᄃᆡ 안편국 왕비 셩의을 보ᄂᆡ고 불승창연ᄒᆞ여 병세 졈졈 더한지라. 주야의 눈물을 금치 못ᄒᆞ고 시시로 쳬읍 왈,

"십여 셰 소아 허탄한 도사의 말을 듯고 어미을 위하여 말이 창파의 어ᄃᆡ로 졍쳐 업시 힝ᄒᆞ고 망망창히의 파도ᄂᆞᆫ 흉용ᄒᆞ고 운산은 쳡쳡한ᄃᆡ 어ᄂᆡ 날의 도라올고? 한 번 ᄯᅥᄂᆞᆫ 후로 사싱을 아지 못ᄒᆞ니 엇지 슬푸지 아니 하리요. ᄂᆡ 장차 보지 못ᄒᆞ고 죽으면 눈을 엇지 감을손야."

하시며 시러ᄒᆞ시니라.

차시의 향의 불양한 마음이 ᄇᆡ속의 드러 ᄂᆞᆯ노 크ᄂᆞᆫ지라. ᄂᆡ심의 혜오ᄃᆡ, '모후ᄭᅦ셔 셩의을 본ᄃᆡ 사랑ᄒᆞ시거

늘 만일 약을 어더다가 환우을 평복한즉 더옥 사랑ᄒᆞ실 거시니 일국의 그 아름다운 일홈이 진동할거신직, ᄂᆡ 엇지 왕위을 바ᄅᆡ리오' ᄒᆞ며 한 게교을 ᄉᆡᆼ각ᄒᆞ고 부왕과 모후게 고왈,

"셩의가 서역의 간 지 거의 반 연이 되도록 소식이 묘연ᄒᆞ오니 소자 즁노의 나어가 소식을 탐지ᄒᆞ고, 만일 풍파의 불ᄒᆡᆼ한 일이 릿ᄉᆞ오면 소자 서천에 드러가 약을 구ᄒᆞ여 오린이다."

하며 인ᄒᆞ여 하직을 고ᄒᆞ고 션쳑을 준비ᄒᆞ여 사공과 무용잇ᄂᆞᆫ 자 십여 명을 다리고 서천으로 ᄒᆡᆼᄒᆞ니라.

ᄒᆡᆼ션한 지 삼 일만의 풍파을 맛ᄂᆞ 거이 죽기 되야던이 게오 강변을 당ᄒᆞ여 ᄇᆡ을 머무르고 밤을 지ᄂᆡᆯᄉᆡ 창강수 말근 물으 추월리 도다 온이 원근의 빗초ᄂᆞᆫ지라. 문듯 서ᄃᆡ히로셔 일쳑 소션이 나는 다시 오거ᄂᆞᆯ ᄒᆡᆼ의 적군을 ᄒᆞ여곰 위여 왈,

"져기 가는 ᄇᆡ는 안평국 ᄃᆡ군 타신 ᄇᆡ 안이요?"

ᄒᆞ며 크게 부르거ᄂᆞᆯ 의심하여 주져ᄒᆞ더니, 그 ᄇᆡ 살갓치 오ᄂᆞᆫ지라. 슬푸다! 사람의 운수을 ᄒᆞᄂᆞᆯ리 정ᄒᆞ신ᄇᆡ라 인력으로 엇지 막을소냐. 세자 ᄒᆡᆼ의 불칙한 흉게을 셩의야 엇 알이요. 이윽고 ᄇᆡ를 두로여 한틔 ᄃᆡ이고 보니 이는 곳 세자라. 셩의 반기물 이기지 못ᄒᆞ야 밧비 ᄇᆡ

예 ᄂᆞ려 비례한ᄃᆡ 향의 답례 왈,

"동싱이 연파 말이을 독힝ᄒᆞ미 위틱ᄒᆞ기로 부왕의 명을 밧자와 즁노의 와 맛거니와, 아지 못겨라 일령주를 어더 오ᄂᆞᆫ다?"

ᄒᆞ니 셩의 그 형의 불양 픽악지심을 모로고 즉시 일령주을 ᄂᆡ여드리며 모후 병환을 무른ᄃᆡ 향의 왈,

"환우ᄂᆞᆫ 시사로 평복되여 게시니 이제 일령주가 도로혀 무식할가 하노라."

ᄒᆞ거ᄂᆞᆯ 셩의 왈,

"환후 비록 쾌차ᄒᆞ실지라도 일령주을 스시면 더옥 상쾌하슬가 ᄒᆞ노니다."

ᄒᆞ니 향의 문듯 션상의 놉피 안자 고셩ᄃᆡ미 왈,

"네 거짓 셔역의 가 일령주을 구ᄒᆞ여온다 ᄒᆞ고 병모을 이져 바리고 불도의 침혹ᄒᆞ여 이제야 도라오니 엇지 인ᄌᆞ경의라 ᄒᆞ리요. 이ᄂᆞᆫ 천ᄒᆞ의 불효라. 모후게셔 너를 보시면 병세 더하실 거시니 여등은 쌜이 물의 ᄲᅡ져 부왕의 명을 순수ᄒᆞ라."

ᄒᆞ거ᄂᆞᆯ 셩의 이 말을 드르니 심혼이 비월ᄒᆞ여 묵묵키 안자ᄊᆞ가 앙천 탄왈,

"소제 진심으로 쳔신만고ᄒᆞ여 셔천의 드러가 정셩으로 약을 어더 도라오문 모비을 위ᄒᆞ미러니, 이 무삼 의

ᄉᆞ로 즁노의 ᄂᆞ와 부왕의 명영을 칭탁ᄒᆞ고 형장이 여러 인명을 살히코자 ᄒᆞ니 이ᄂᆞᆫ 진실노 괴퇴ᄉᆞ의 주구를 살무미로다. ᄂᆡ 몸은 이 물의 죽거도 일호도 셥지 아니 ᄒᆞᄂᆞ 다만 병즁의 게신 부모의 얼골을 다시 뵈압지 못ᄒᆞ고 히즁고혼이 될지니 엇지 졀통치 아니 ᄒᆞ며 쳔추의 무궁지한이 되지 아니 ᄒᆞ리요. 또 날노 인ᄒᆞ여 수십 인명이 죄업시 죽을지니 그 아니 가련하리요. 슬푸도다! 창쳔후토은 구버살피소셔."

하늘을 우르러 통곡ᄒᆞ니 일월이 무광ᄒᆞ고 초목이 다 슬허ᄒᆞ는 듯ᄒᆞᆫ지라.

션인더리 또 셩의을 붓들고 통곡 왈,

"우리 수십명 공자를 묘시고 창파만경의 득달ᄒᆞ야 션경의 드러가 일령주를 어더 와 곤젼 환후을 평복ᄒᆞ시고 우리등이 즁상을 바들가 바ᄅᆡ써니, 죄업ᄂᆞᆫ 죽엄을 당ᄒᆞ오니 엇지 망극지 아니 하리요? 우리등 소견의ᄂᆞᆫ ᄃᆡ군을 묘시고 궐젼의 드러가 일영주을 밧치고 왕상의 쳐분을 기다려 죽싸오면 여한이 업슬가 하노니다."

하니 항의 이 말을 듯고 ᄃᆡ로ᄒᆞ여, 무사을 지촉ᄒᆞ여,

"죽이라."

하니 셩의에 주즁제인이 고셩ᄃᆡ미 왈,

"ᄃᆡ군과 우리등이 무삼 죄가 잇관ᄃᆡ 죽이려ᄒᆞᄂᆞᆫ요?

천변 서역으 가 딕공을 리우어 도라오거늘 남 리운 공을 즁노의셔 탈취ᄒᆞ고, 겸ᄒᆞ여 인명을 살힉하려 ᄒᆞ니 명청이 무심ᄒᆞ신 타시로다. 졀졀리 원통ᄒᆞ도다. 십이 셰 우리 딕군 지극 효셩, 천지도 무심ᄒᆞ고 귀신덜도 야속ᄒᆞ네. 경셩으로 일령주를 어더 도라오다 틱산갓치 놉푼 공이 홍노졈설리 되여ᄯᅡ나. 우리등 죽ᄂᆞᆫ 거슨 과도이 셥잔ᄒᆞ되 십이 청춘 젹공자는 위친지심 극즁타가 골륙싱장ᄒᆞᄂᆞᆫ 고로 힉즁 고혼이 되것스니 엇지 통분치 아니 하랴. 우리등 쳥빅고혼인들 여등의 후사을 안 볼손야. 더러운 너히 손을 비러 죽을 빅 아니라."

ᄒᆞ고 셔로 목을 안고 실피우니 그 경상을 차마 보지 못할네라. 션인등이 왈,

"우리 엇지 딕군의 죽엄을 목도의 보리요?"

ᄒᆞ고 셔로 손을 잡고 공자을 위로ᄒᆞ여 빅 가온딕 안치고 'ᄋᆡ고' 일셩의 주즁졔인이 일시의 만경창파의 ᄯᅥ여드러 죽ᄂᆞᆫ지라. 이 거동은 차마 보지 못 할네라.

잇ᄯᅵ 향의 무사를 눈 주어 셩의을 죽이려 할 ᄉᆡ 무사즁의 틱연리라 하난 사람이 딕호 왈,

"셰자 비록 왕명을 층ᄒᆞ나 엇지 동기간 윤기을 ᄉᆡᆼ각지 아니 ᄒᆞᄂᆞᆫ요? 공자는 지극ᄒᆞᆫ 효자시라 셰자 엇지 인졍이 엿차ᄒᆞ뇨?"

ᄒᆞ고 칼을 드러 모든 무사을 물이치니 향의 불승분노ᄒᆞ여 달여드러 셩의 두 눈을 칼노 질너 쌔니 ᄇᆡ 안의 업더지며 양안 피가 흘너 옥면을 젹시ᄂᆞᆫ지라. 셩의 탄 ᄇᆡ 쪼각을 ᄭᆡ쳐 한 쪼각 우의 안치고 물결 우의 밀치니 아지 못겨라. 그 사싱을 뉘라셔 알이요? 쳔지신명ᄒᆞ사 효자을 보존케 하실가 종말을 볼지여다.

각셜, 향의 ᄇᆡ을 둘너 도라올 ᄉᆡ 군졸을 당부ᄒᆞ여,

"누셜치 말나."

하고 금은보화을 마니 주어 심복을 삼아 다 각각 돌여보ᄂᆡ고 궐ᄂᆡ의 드러가 부왕과 모후게 뵈온ᄃᆡ 모후 문왈,

"네 이번의 가셔 셩의 소식을 드러ᄂᆞ야?"

향의 ᄃᆡ왈,

"소자 ᄇᆡ을 타고 셔쳔을 힝ᄒᆞ야 칠 일만의 약수가의 다다르니 일위 션관이 파초션을 타고 오다가 소자을 보고 왈, '그ᄃᆡ 안평국 세자 안인다?' 하옵기로 소자 ᄃᆡ답ᄒᆞ옵고 ᄇᆡ례ᄒᆞ온즉 션관이 말삼ᄒᆞ시되, '나는 왕자진일느니 셔쳔의 갓다가 안평국 왕자을 맛ᄂᆞᄆᆡ 날다려 일너 왈, 일령주을 어더쓰나 셩의 불도으 참례하야 삭발위승ᄒᆞ고 불경을 잠심ᄒᆞ여 셰상사을 이져바려쓰니 엇지 회환이 닛스리요. 약을 ᄂᆡ게다 젼하라 ᄒᆞ기로 바다 간수ᄒᆞ엿더니 ᄂᆡ 헤아리건ᄃᆡ 안평국 왕이 기달일지라. 맛참 인

간의 나갈 이리 잇써 가는 길의 젼ᄒᆞ려 가져왓더니 그ᄃᆡ을 맛ᄂᆞ스니 다힝ᄒᆞ도다' ᄒᆞ시고, '그ᄃᆡ는 셩의을 ᄉᆡᆼ각지 말고 약을 가져다가 밧비 쓰라' ᄒᆞ고 쥬며 왈, '셩의ᄂᆞᆫ 조금도 자식리라 ᄉᆡᆼ각지 말나' ᄒᆞ더니다."

하며 일령쥬을 드리거ᄂᆞᆯ 왕비 일령쥬을 ᄯᅡᆼ에 던지고 통곡 왈,

"셩의 효심이 쳘셕갓탄지라. 엇지 일조의 변ᄒᆞ리요. 연일 몽사 불길ᄒᆞ더니 이런 ᄌᆡ변이 낫도다." 하시고 우름을 긋치지 안이하시니.

향의 왈,

"셩의 어린 마음으로 일시 변하엿사오나 연기 장셩ᄒᆞ오면 도라올 거스니 과렴치 마르시고 약을 진어ᄒᆞ옵소셔."

왕이 ᄯᅩ한 위로ᄒᆞ고 일령쥬을 가라 쓰니 왕비 정신이 씩씩ᄒᆞ고 ᄇᆡᆨ병이 물너 가ᄂᆞᆫ지라. ᄯᅩ 한 ᄀᆡ을 쓰니 정신이 쇄락ᄒᆞ고 두 눈이 쳥명ᄒᆞ고 기운이 순평ᄒᆞ시니 환우평복ᄒᆞ신지라. 일국의 다힝일네라. 그러나 다만 셩의을 ᄉᆡᆼ각ᄒᆞ사 쥬야 시러ᄒᆞ시더라.

각셜, 잇ᄃᆡ 셩의 한 ᄶᅩ각 판자을 의지하여쓴이 엇지 가련치 아니 하리오? 두 눈이 어두어쓰니 천지일월셩신이며 만물을 엇지 알이오? 동셔남북을 엇지 분별ᄒᆞ

며 흑빅장단을 어이 알이오? 다만 바람이 차면 밤인 졸 알고 일기가 다수온직 나진 졸 짐작ᄒᆞᄂᆞ 만경창파의 금수 소릐도 업ᄂᆞᆫ지라. 삼일 삼야만의 판장 쪼각이 다닷ᄂᆞᆫ 곳지 잇ᄂᆞᆫ지라. 놀ᄂᆡ여 손으로 어로만지니 큰 바우라. 기여 올나가 정신을 수십ᄒᆞ여 바위을 의지ᄒᆞ고 안자 탄식 왈,

"사형이 엇지 이ᄃᆡ지 불양ᄒᆞ여 무죄한 인명을 창파즁의 원혼이 되게 ᄒᆞ고 날노 ᄒᆞ여금 이 지경이 되게 ᄒᆞ여쓰니 이졔ᄂᆞᆫ 부모가 겻틔 게신들 얼고을 아지 못ᄒᆞ게 되여쓰니 엇지 통한치 아니ᄒᆞ리오? 그러ᄂᆞ 모친 환우가 엇더ᄒᆞ신지, 일령쥬을 쎠ᄂᆞᆫ지 아지 못ᄒᆞ니 엇지 원통치 아니ᄒᆞ며, 인자ᄒᆞ신 우리 모친이 속졀업시 황천의 도라가시도다."

하고 슬피 통곡ᄒᆞ니 창쳔이 욕열ᄒᆞ고 일월리 무광한지라. 사고무인 젹막한ᄃᆡ 십이 셰 젹공자가 불양한 사형의게 두 눈을 상ᄒᆞ고셔 일시의 ᄆᆡᆼ인이 되여 외로운 암셕상의 홀노 안져 자탄ᄒᆞ니 그 안이 쳐량한가. 젹젹 무인 야삼경의 추풍은 삽삽ᄒᆞ여 원긱의 수심을 자어ᄂᆡ고, 강수동유원야셩의 잔나비 실피 울고, 유의한 두견셩과 창파만경의 빅구더른 비거비릐 소릐 질너 자탄으로 게우든 잠을 놀ᄂᆡ ᄭᆡ니 쳡쳡원한 무궁리라. 하늘을 우르러

단식을 마지 아니하더니 문듯 청ᄋᆡ한 소ᄅᆡ 들이거ᄂᆞᆯ 귀을 기우려 드르며 헤아리되, '이ᄂᆞᆫ 분명한 ᄃᆡ소ᄅᆡ로다. 이갓턴 ᄃᆡ히 즁의 엇지 ᄃᆡ밧치 잇ᄂᆞᆫ고' ᄒᆞ며 '이ᄂᆞᆫ 반다시 촉나라 ᄯᅡ히로다' ᄒᆞ고 소ᄅᆡ을 조차 ᄅᆡ려 가고져 하더니, 문듯 오작이 우지지며 손의 자연 집피난 거시 잇거ᄂᆞᆯ 이ᄂᆞᆫ 곳 실과라. 먹은이 ᄇᆡ 부른지라 정신이 상쾌하거ᄂᆞᆯ, 인ᄒᆞ여 오작의게 사례ᄒᆞ고 인ᄒᆞ여 바우에 ᄂᆡ려 죽님을 차자가니 울밀한 죽님이라. 드르니 그 즁의 한 ᄃᆡ가 금풍을 ᄶᅡ라 스사로 응ᄒᆞ여 우ᄂᆞᆫ지라. 여러 ᄃᆡ을 더덤어 우는 ᄃᆡ을 차자 잡고 낭 즁의 칼을 ᄂᆡ ᄃᆡ을 베여 단져를 만드러셔 한 곡조을 부니 소ᄅᆡ 쳐량ᄒᆞ여 산쳔초목이 다 우질기ᄂᆞᆫ 듯ᄒᆞ더라.

차시의 셩의 오작의게 밥을 부치고 단져로 버슬 삼어 심회을 덜며 일분도 그 형을 원망치 아니ᄒᆞ고, 주야의 부모을 ᄉᆡᆼ각ᄒᆞ니 그 쳔셩ᄃᆡ효을 쳔지신명이 엇지 도읍지 아니ᄒᆞ리오.

각셜, 잇ᄃᆡ 즁국의 호마령리라 하는 ᄌᆡ상이 ᄅᆡᆺ시니 벼살이 승상의 오른지라. 황명을 밧자와 남일국의 사신 갓다가 삼 삭만의 도라오더니 이 곳ᄃᆡ 리르러 일힝을 쉬더니, 청풍은 셔ᄅᆡᄒᆞ고 수파는 고요한듸 쳬량한 졋소ᄅᆡ 풍편의 들이거ᄂᆞᆯ 호 승상이 헤오ᄃᆡ, '이 고슨 무인지경

이라. 분명 션동이 옥져을 부러 속긱을 히롱ᄒᆞᄂᆞᆫ쏘다' ᄒᆞ고 시동을 명ᄒᆞ여,

"져소릐 나ᄂᆞᆫ 곳을 차자 보라."

ᄒᆞ신ᄃᆡ 시동 승명ᄒᆞ고 져소릐을 ᄯᆞ라 한 곳의 리르니 한 동자 죽님 암상의 비겨 안자 단져을 쳬량ᄒᆞ게 불거ᄂᆞᆯ 시동 왈,

"그ᄃᆡ 신동인다? 션동인다?"

하니 셩의 놀ᄂᆡ여 왈,

"나ᄂᆞᆫ 신동도 아니요, 션동도 아니라. 광ᄃᆡ한 쳔지의 의지업ᄂᆞᆫ 사람으로 이 곳의 잇거니와, 그ᄃᆡ는 귀신인다? 사람인다?"

하거ᄂᆞᆯ 시동이 ᄃᆡ왈,

"귀신이 아니라 나ᄂᆞᆫ 즁국 사람이라. 호 승상이 즁국 사신으로 ᄂᆞᆷ일국의 가셧다가 회정ᄒᆞ시ᄂᆞᆫ 길의 이 고ᄃᆡ 리르러 쉬시더니 공자의 졋소릐을 드르시고 쳥ᄒᆞ라 ᄒᆞ시기로 왓사오니 한 번 수고을 사양치 마르소셔."

한ᄃᆡ 셩의 ᄃᆡ왈,

"나ᄂᆞᆫ ᄆᆡᆼ인이라 촌보을 못 ᄒᆞ오니 황공ᄒᆞ여이다."

시동이 공자을 붓들고 승상 좌젼의 리르ᄆᆡ, 승상이 그 비범한 용모를 살펴 보시고 그 ᄆᆡᆼ인되믈 차탄ᄒᆞ시고 왈,

"악갑도다. 져런 인물이 일월을 못 보는또다!"

하시니 셩의 직빅 왈,

"소자 부모를 일습고 두루 기결ᄒᆞ옵더니, 연젼의 불칙한 도젹을 맛ᄂᆞ 비명으로 두 눈을 상ᄒᆞ미 쳔지간의 쓸ᄃᆡ 업ᄂᆞᆫ 물건이라. 다만 이 단져을 만드러 지극히 원통한 마음을 덜삽더니 쳔위신조ᄒᆞ사 금일의 상공을 모신가 하나니다."

하며 상한 두 눈으로 피갓튼 눈물을 비오다 흘이거ᄂᆞᆯ 승상이 보시다가 비회을 머금고 눈물을 지우시며 왈,

"가련타. 네 연기 몃 살이요?"

셩의 ᄃᆡ왈,

"금연의 십이 츈리로소이다."

승상 왈,

"너를 보니 안평국 사람이라. ᄂᆡ 네을 이 곳의 바리고 가면 필경의 명을 보존치 못 하리라."

ᄒᆞ시고 즉시 셩의을 다리고 길을 ᄌᆡ촉하야 여러 ᄂᆞᆯ만의 황셩의 득달ᄒᆞ야 쳔자젼의 숙비하온ᄃᆡ 상이 층찬을 마지 안이 하시더라. 승상이 또 복지하여 셩의을 다려온 사연을 낫낫치 고하니, 상이 쳥파의,

"인견ᄒᆞ라."

ᄒᆞ시니 승상이 셩의을 다리고 드러와 옥계하의 부복

직비하거늘, 상이 보시니, '비록 밍인이ᄂᆞ 옥안션풍이 진짓 진남자라!' 차탄하시고 문왈,

"짐이 드르니 단져을 잘 분다 하기로 한 번 듯고자 ᄒᆞ노라."

셩의 고두수명ᄒᆞ고 단져를 들고 어젼의셔 한 곡조을 부니, 청ᄋᆡ한 져 소ᄅᆡ 빈공 소사ᄂᆞ며 사람의 심간을 황홀케 ᄒᆞᄂᆞᆫ지라. 상이 층찬 왈,

"이 아니 션동이냐?"

하시고 황궐 후원의다 거쳐하여 두시니라.

차셜, 황제 졍국 낙낭 황후 한 ᄯᆞᆯ을 두엇스되 일홈은 치란이라.공쥬 당시 방연이 십삼 셰라. 확락한 기지리며 요요 ᄐᆡ도ᄂᆞᆫ 진짓 월궁항아 하강한 듯ᄒᆞ야 진셰의 쌍이 업더라. 겸ᄒᆞ여 시셔음율을 능통ᄒᆞ니 황제와 황후 낭낭이 극히 사랑ᄒᆞ시더라. 공쥬 게명시로부터 단장을 연연이 ᄒᆞ고 식벽의 문안ᄒᆞ고 물너나와 침실의 도라가 시셔를 공부하며 혹 거문고을 자바 순군 남풍시와 여싱우의곡을 화답ᄒᆞ며, 월식이 명낭한 ᄯᅵ을 당하면 여러 시녀을 각각 금포을 입펴 좌우의 시위ᄒᆞ고, 공주 친이 용문젼포을 입고 머리의 쌍봉 자금 투고을 쓰고 손의 장창을 빗겨들고 쳘리 ᄃᆡ완마를 금안지여 몸을 날여 말게 올나 황극젼 동산 화원 오ᄇᆡᆨ 보의 말달이기와 칼쓰기을 연십

ᄒᆞ며 군사을 호령ᄒᆞ여 출립진퇴하는 법을 익키니 늡늡한 풍치와 픠일한 ᄌᆡ조ᄂᆞᆫ 진세간 무쌍이라. 군위을 베푸러 좌우을 호령한직 위엄이 상셜갓타여 엄숙함이 진짓 인즁호걸리라. 공쥬의 수화지티ᄂᆞᆫ 침어낙안지상이요, 엄졍한 기상은 사람의 졍신을 놀ᄂᆡᄂᆞᆫ지라. 아ᄂᆞᆫ 자 뉘 안이 층찬하리요.

잇ᄯᅵ 금풍은 소실ᄒᆞ고 월ᄉᆡᆨ은 명낭ᄒᆞ여 동창의 비취거ᄂᆞᆯ 공쥬 월ᄉᆡᆨ을 탐ᄒᆞ야 신여 수인을 다리고 완월누의 올나 ᄇᆡᆨ옥을 불너,

"오현금을 가져오라."

명ᄒᆞ야 옥수로 현금 자바 희롱ᄒᆞ며 가사도 지여 을푸니 셔로 흥치가 난만ᄒᆞ더라.

이젹의 안평국 왕ᄌᆞ 젹셩의 동산 약부의 잇셔 세월리 여류하야 셩의으 나히 십삼 셰라. 말이 ᄀᆡᆨ창의 외로이 안자 고향을 ᄉᆡᆼ각ᄒᆞ고 신세을 ᄉᆡᆼ각ᄒᆞ니 엇지 아니 슬풀소냐. 기리 탄식 왈,

"모비 병환은 엇더하시며 부왕 존후 무량ᄒᆞ신지 소식이 돈졀ᄒᆞ니 ᄋᆡ답고 ᄋᆡ답ᄒᆞ도다. ᄂᆡ 젼일 양육하던 기러기ᄂᆞᆫ 사라ᄂᆞᆫ가? 죽어ᄂᆞᆫ가? 만일 사라스면 소식을 젼하련마는 일차 소식 돈졀ᄒᆞ니 아무리 미물인들 어이 그리 무졍ᄒᆞ요."

각창고침 명월야의 쳐량한 마음을 이기지 못ᄒᆞ야 신세을 자탄ᄒᆞ다가 사향일곡을 만드러 단소로 푸러ᄂᆡ니 익원ᄒᆞᆫ 단소셩이 월하의 놉피 써셔 사람의 익을 긋는 듯ᄒᆞ더라.

잇ᄃᆡ 마참 ᄎᆡ란공쥬 완월누의 올나 거문고을 희롱ᄒᆞ더니, 문듯 옥져셩 말근 소ᄅᆡ 풍편의 들이거늘 공쥬 옥수로 거문고을 치며, "기특ᄒᆞ도다! 이 곡조 기묘하다! ᄂᆡ의 거문고 소ᄅᆡ의셔 더하리 업건마는 엇더한 션관이 니 곡조을 을퍼 진세을 희롱ᄒᆞ는쏘다!"

ᄒᆞ고, 즉시 시녀 ᄇᆡᆨ옥을 명ᄒᆞ야,

"이 소ᄅᆡ 나는 곳슬 아라오라."

하시니 ᄇᆡᆨ옥이 승명ᄒᆞ고 ᄎᆡ운각으로부터 능파ᄃᆡ의 ᄂᆞ리르니 화원 명월ᄒᆞ의 한 동자 홀노 아자 단져를 부는지라. ᄇᆡᆨ옥이 나어가 읍ᄒᆞ고 문왈,

"공자는 뉘시관ᄃᆡ 이갓치 궁벽키 안져 단소을 히롱ᄒᆞ와 사람의 마음을 살는케 ᄒᆞ신잇가?"

하니 셩의 놀ᄂᆡ여 왈,

"나는 타국 사람으로 안명ᄒᆞ야 천지을 분별치 못ᄒᆞ는 고로 심회을 이기지 못ᄒᆞ야 당시 고향사을 부러 수회을 덜거니와 그ᄃᆡ는 뉘관ᄃᆡ 심야 삼경의 무삼 소회로 드러와 안혼한 사람을 놀ᄂᆡ게 ᄒᆞ는요?"

신여 답왈,

“나ᄂᆞᆫ ᄎᆡ란공쥬의 시비 ᄇᆡᆨ옥이라. 당시 공쥬 그 쳥ᄋᆡ 한 소ᄅᆡ을 듯고 ‘밧비 탐지하여 오라’ 하시기로 드러왓사오니 공자는 ᄆᆡᆼ인리라 무삼 허무리 잇스리오. 수고로이 ᄉᆡᆼ각지 마르시고 나를 ᄯᆞ라 가시미 엇더ᄒᆞ신잇가?”

셩의 황공 ᄃᆡ왈,

“ᄂᆡ 아무리 눈이 어두온들 엇지 금궁 옥쥬을 ᄃᆡ면하리요. 그ᄃᆡ는 외람한 말을 말ᄂᆞ.”

ᄒᆞ니, ᄇᆡᆨ옥이 즉시 공쥬께 드러가 그 거동과 젼후 말을 낫낫치 고한ᄃᆡ 공쥬 문득 ᄭᆡ다르시고 ᄇᆡᆨ옥다려 왈,

“일젼의 호 승상이 ᄒᆡ상의셔 한 동자을 다려왓다 하더니 그 동자이 아니냐?”

하시고 왈,

“졔례ᄒᆞ고 급피 가셔 다려 오라.”

하시며 ᄌᆡ촉하거늘 ᄇᆡᆨ옥 승명ᄒᆞ고 다시 나어가 공자다려 말ᄒᆞ여 왈,

“우리 공2) 시율을 조와하시기로 ᄋᆞᆨ가 공자의 단져셩을 드르시고 간져리 청하시ᄂᆞ니 겸양치 마르시고 나와

---

2) 우리 공 : 우리 ‘공주’. 각수(刻手)의 실수인 듯.

한가지로 드러가사이다."

차시 셩의 마지 못하야 시비을 ᄯᅳ러 완월누의 올나가 례한디, 공쥬 월하의 안자 그 동자의 거동을 살펴보니 히동 명월리 구름 속의 잠긴 듯한지라. 비록 밍인이나 옥안션풍과 표표한 기상이며 활달한 셩심이 음셩의 낫타ᄂᆞ니 범인과 크게 다른지라. 공쥬 좌을 쥬어 안치고 문왈,

"그디 셩명은 뉘시며, 연세 몃치나 되엿ᄂᆞᆫ요?"

셩의 디왈,

"언어 상통하미 극히 외람ᄒᆞ나 무르시니 엇지 거사리릿가. 소싱 몸이 죄 즁ᄒᆞ와 일즉 부모을 여히고, 의지 업ᄂᆞᆫ 일신이 푀박하야 천지로 장막삼고, 사히의 밥을 붓쳐 조동모셔하옵더니, 히변의셔 슈젹을 마ᄂᆞ 양안을 상ᄒᆞ고 부운갓치 단이옵더니 쳔위신조하시무로 승상을 만나 잔명을 보존ᄒᆞ와솝고 ᄯᅩ 셩상의 천지갓사온 은틱으로 동산 약부의 유숙게 하시니 일신은 무량ᄒᆞ오나 다만 심즁의 믹친 한을 이기지 못ᄒᆞ야 단져로 버슬 사마 수회를 덜더니 의외에 옥쥬께압셔 부르사 관디하시니 극키 황공ᄒᆞ여이다."

하며,

"쳔한 나이 십삼 셰로소이다."

ᄒᆞ고 비회을 이기지 못ᄒᆞ거ᄂᆞᆯ, 공쥬 청파의 그 정상을 잔잉이 여기사 왈,

“ᄂᆡ 일즉 시부가사와 오음육율을 ᄃᆡ강 알거니와, 금야의 그ᄃᆡ의 단져셩을 드른이 가장 신기한지라. 다시 듯기 바라나니 한 번 수고을 앗기지 마르소셔.”

셩의 승명ᄒᆞ고 단정이 안자 월ᄒᆞ의 슬피 부니 그 소ᄅᆡ 쳐량ᄒᆞ야 일히일비로 다 사람의 마음을 감동ᄒᆞᄂᆞᆫ지라. 공주 탄왈,

“그ᄃᆡ 반다시 범인이 안이로다. 진실노 단구의 ᄎᆡ봉이 우지지ᄂᆞᆫ도다.”

ᄒᆞ시고 시녀 ᄇᆡᆨ옥을 명ᄒᆞ야 칠현금을 나수와 셔로 화답ᄒᆞ니, 두 소ᄅᆡ 청ᄋᆡᄒᆞ야 학이 청젼의 우ᄂᆞᆫ 듯ᄒᆞ고 봉이 황을 부르ᄂᆞᆫ 듯한지라. 공주 현금을 물이치고 다시 청ᄒᆞ여 왈,

“그ᄃᆡᄂᆞᆫ 진실 진세 기남자라. ᄇᆡ온 ᄌᆡ조을 낫치 듯고자 ᄒᆞ노니 수고되믈 원망치 아니 할가 바ᄅᆡ노라.”

셩의 왈,

“옥주 낭낭니 하싱의 미쳔한 몸을 더릅다 아니 하시고 이갓치 관ᄃᆡ하시니 은혜 망극ᄒᆞ온지라. 엇지 사양ᄒᆞ린잇가?”

하며 ᄂᆞᆫ간의 비겨 안자 글을 을픈니 공주 옥수로 산

호필을 잡아 화간지의 기록ᄒᆞ며 옥수로 청옥연상을 치며 을푸니 그 소ᄅᆡ 옥반의 진주을 굴이ᄂᆞᆫ 듯ᄒᆞᆫ지라. 공주 옥빅의 향온주를 부어 권ᄒᆞ여 왈,

"비컨ᄃᆡ 형산빅옥이 진돌 속의 무쳐슨들 광치조차 감초리오?"

ᄒᆞ시며,

"그ᄃᆡ 일즉 부모을 이별ᄒᆞ엿스면 시셔음율은 뉘게셔 빅왓ᄂᆞᆫ요?"

셩의 ᄃᆡ왈,

"소싱이 유리하여 단니다가 팔 세의 한 도인을 만나 빅와ᄂᆞ니다."

공주 왈,

"그ᄃᆡ 반다시 쳔인으로 젹강ᄒᆞ야 금세의 황싱ᄒᆞ여또다."

잇ᄃᆡ 시비 빅옥이 묘셧ᄊᆞ가 엿자오ᄃᆡ,

"금야의 공주 타시던 오현금과 공자의 단져셩은 황후학사 피파셩으로 틱평곡을 화답함과 갓도소이다."

하니, 공주 이 말을 드르시고 미소하시더라. 이러구러 게명셩이 ᄂᆞ니 공주 리러며 빅옥으로,

"공자을 인도하라."

하고 공주 침소의 도라와 셩의 밍인되물 한탄ᄒᆞ며 젼

젼불미하여 잠을 리루지 못ᄒᆞ더라.

잇ᄃᆡ 셩의 쳐소의 도라와 ᄇᆡᆨ옥을 보ᄂᆡ고 낙누 차탄 왈,

“ᄂᆡ 공주을 보지 못하나 반다시 범인은 아니로다.”

하며 더옥 고국 ᄉᆡᆼ각이 간졀ᄒᆞ더라. 주야로 부모 양위 만수무강ᄒᆞ시믈 축수ᄒᆞ니 ᄃᆡ져 출쳔ᄃᆡ효라. 엇지 명쳔이 감동치 아니 ᄒᆞ리요.

셰월리 여류ᄒᆞ야 잇ᄃᆡ는 무인연 춘삼월리라. 황제 화기춘풍의 셩심이 환열ᄒᆞ사 동산 화게의 ᄃᆡ연을 ᄇᆡ셜ᄒᆞ시고 금수단광모장을 구룸갓치 놉피 치고 운무병 화초병을 젼후좌우로 둘너 치고, 후원의ᄂᆞᆫ 황후 낭낭이 공주와 모든 시녀로 더부러 질기실ᄉᆡ, 월픠궁녀ᄂᆞᆫ 좌우의 시위ᄒᆞ고 금의화복은 광칙가 찰ᄂᆞᆫ한지라. 젼면의ᄂᆞᆫ 문무ᄇᆡᆨ관이 금포 옥ᄃᆡ을 갓초고 좌우의 시위하엿스니 쳔상션관이 봉ᄂᆡ의 묘인듯ᄒᆞ더라.

쳔자 졔신으로 더부러 고금역ᄃᆡ와 치국치민지졍과 방ᄇᆡᆨ 수령의 션악을 무르시고 조용ᄒᆞ믈 인ᄒᆞ사 부마 간션ᄒᆞ실 일을 의논ᄒᆞ시며 종일 질기실ᄉᆡ 상이 호승[3]을 도라보사 왈,

---

3) 호승 : ‘호 승상’의 오각.

"힝일의 단져 부던 셩의을 부르라."

ᄒᆞ시니, 승상이 수명ᄒᆞ고 즉시 셩의게 어명을 젼ᄒᆞ시니라.

잇ᄯᅴ 셩의 홀노 안져 본국사을 ᄉᆡᆼ각ᄒᆞ고 탄식ᄒᆞ물 마지 아니 ᄒᆞ더니, 호련 상명이 ᄂᆡ리거ᄂᆞᆯ 즉시 드러가 어젼의 복지한ᄃᆡ, 황졔 근시을 명ᄒᆞ사,

"갓가이 좌을 주라."

하시고 자셔이 보시니 옥골션풍이라. ᄯᅩ 셩음이 쳥아ᄒᆞᄆᆡ 상이 ᄉᆡ로이 셩의을 못ᄂᆡ 층찬ᄒᆞ시고 그 신셰을 ᄋᆡ연이 여기시더라.

잇ᄯᅴ 만조졔신이 셩의을 보고 사실을 몰나 셔로 면면상고ᄒᆞ며 알고자 ᄒᆞ거ᄂᆞᆯ 호 승상이 셩의 다려 온 사연을 반열 즁의 말한ᄃᆡ 즁관이 다 듯고 차탄ᄒᆞ여 왈,

"셕일의 ᄒᆡ풍창이가 칠 연만의 눈을 ᄯᅥ쓰니, 져 소동도 기질이 비범ᄒᆞ니 타일의 신기한 이리 잇슬가 십푸도다."

ᄒᆞ며 ᄋᆡ연이 여기더라. 상이 못ᄂᆡ 하시며 단져을 쳥ᄒᆞ신ᄃᆡ 셩의 고두 수명ᄒᆞ고 어상의 단좌하야 져를 부니 쳥아한 단소셩이 사람의 심곡을 감동케 하ᄂᆞᆫ지라. 모다 층찬 왈,

"계명산 추야월의 취소산초병ᄒᆞ던 장자방의 옥통소가 이 단져와 갓던가?"

하며 충찬 아니하 리 업더라.

이러구러 날리 져물ᄆᆡ 연셕을 파하니 졔신니 각각 물너가난지라. 이날 황졔 ᄂᆡ젼의 드사 셩의의 일을 일카르시며 ᄋᆡ셕하시니 황후 주왈,

"폐하! 그 소동을 이가치 ᄋᆡ셕키 녀기시니 한 번 불너 보고져 ᄒᆞᄂᆞ이다. 겸ᄒᆞ야 ᄆᆡᆼ닌이라 무삼 허무리 잇사오릿가?"

하시니 상이 혀하고 즉시 근시을 명ᄒᆞ사 셩의을 ᄑᆡ초ᄒᆞ시니. 승젼 명초을 셩의의게 젼ᄒᆞ고 즉시 다리고 ᄂᆡ젼의 들어가사 ᄇᆡᄒᆞᆫᄃᆡ, 황졔와 황후 낭낭이 연좌하시고 셩의을 좌을 졍ᄒᆞ여 안치고,

"단져을 불나."

하시거늘 셩의 고두수명ᄒᆞ고 한 곡조를 을푸니 그 소ᄅᆡ 쳥아하야 마음이 쇄락한지라.

"진실노 션악이로다."

하시고 황졔 문왈,

"네 고향이 어ᄃᆡ며 부모 셩명을 아난다?"

셩의 부복 주왈,

"소신의 팔자 기박하와 삼 셰의 부모을 일삽고 유리ᄒᆞ여ᄊᆞ오니 거주 셩명을 아지 못하나니다."

잇ᄃᆡ 공쥬 ᄂᆡ궁의 잇다가 주렴을 것고 셩의을 바ᄅᆡ보

니, 명월리 벽공의 걸인 듯ᄒᆞ고 표표정정한 풍치가 젼일 월하의서 볼 ᄯᅢ 보단 십 ᄇᆡ나 더하더라. 심즁의 그윽키 그 안ᄆᆡᆼ되믈 ᄋᆡ연하여 기리 한탄하더라. 셕양이 되ᄆᆡ 황졔 좌을 파하시고 금은 보ᄑᆡ을 마니 상ᄉᆞᄒᆞ시고, 그 안폐하물 가셕다 하시더라.

셩의 ᄇᆡᄇᆡ샤례ᄒᆞ고 후원 약부로 도라와 금은을 어로만지며 체읍 왈,

"금은 보화가 구산갓치 ᄡᅡ엿신들 쓸 고시 어ᄃᆡᄆᆡ뇨? 타국의 몸이 잇셔 쌍친의 안부을 무를 ᄭᅩ시 바이 업고, ᄋᆡ지즁지 ᄂᆡ의 모후 병환은 엇지 되며, 불초자을 ᄉᆡᆼ각ᄒᆞ사 얼마나 늑기시난지 셔천의 드러가 약을 어더 도라오다가 정셩이 부족ᄒᆞ여 불칙한 사형 손의 ᄒᆡ을 바다 일월 못 보난 병신이 되야 창강 말이 벽파상 십이 셰 어린 거시 안ᄆᆡᆼ되여 볼 수 업고, 목판 한 쪽을 부여 타고 바람 부는 ᄃᆡ로 물결 치는 ᄃᆡ로 ᄲᅧ밀여셔 즁국의 유락ᄒᆞ여 잔명을 보존하야 일신은 무량ᄒᆞ나 부모을 ᄉᆡᆼ각ᄒᆞ고 고국사을 ᄉᆡᆼ각ᄒᆞ니 실푼 맘음 긋칠 나리 져이 업네. 망극할시 ᄂᆡ이리야! 명쳔은 셩의의 사경을 살피소셔."

하며 눈무리 비오듯ᄒᆞ여 앙쳔자탄으로 젼젼불ᄆᆡ한들 뉘라셔 위로할고. 젼젼반칙ᄒᆞ더니,

잇ᄃᆡ 공쥬 월식을 의지하야 옥난간의 비겨 안자 고시

을 을푸다가 호련 셩의 고향 싱각하던 글을 싱각ᄒᆞ고 시녀 춘란 불너 왈,

“셩의은 외국 사람이라. 본국 싱각ᄒᆞ는 회포 간졀할지니 그 안이 가련하냐?”

춘란이 ᄃᆡ왈,

“요식의 소동의 말을 듯사온즉 왕왕이 귀을 놀니더니다.”

공주 옥수로 셔안을 치며 왈,

“ᄂᆡ 비록 여자나 장부의 마음을 한 번 위로코ᄌᆞ 하나니 네 소견의ᄂᆞᆫ 엇더하뇨?”

ᄃᆡ왈,

“소비도 임의 싱각한 바 오리로소이다.”

ᄒᆞ고 춘란이 즉시 셩의 쳐소의 가 불너 왈,

“공주 낭낭이 월하 ᄇᆡ회하시다가 난간의 으지하사, 시흥이 도도ᄒᆞ와 쳥하시니 함기 가미 엇더한요?”

셩의 즉시 의복을 정졔ᄒᆞ고 춘란을 ᄯᆞ라 옥누의 이르니 공주 왈,

“우연한 일 안이로다. 그ᄃᆡ로 더부러 시율을 화답ᄒᆞ니 상사 안이라. 예의을 어기ᄂᆞ 그러ᄂᆞ 사모ᄒᆞᄂᆞᆫ 마음이 간졀ᄒᆞ여 연좌ᄒᆞ야 월하의 시를 화답ᄒᆞ고자 하니 그ᄃᆡ 질거할손냐?”

하고 시녀을 명ᄒᆞ야 일빅 향온주 권ᄒᆞ니 셩의 술을 먹지 못ᄒᆞᄂᆞ 사양치 못ᄒᆞ야 삼빅을 먹으니 취기 옥면의 가득한지라. 셩의 취흥도도ᄒᆞ야 시을 을푸니 그 셔의 하엿시되,

표일신혀여 유락말이외로다.
고향사혀여 빅일면이로다.
홍안비혀여 신부젼이로다.
누불금혀여 익창히로다.

이 글 쓰션,

일신니 푀푀하여 말이 밧가 흘너져지고,
고향을 싱각하야 힌날 아릐 조우도다.
기러기 가고 업셔 글을 젼치 못ᄒᆞ도다.
누물 금치 못ᄒᆞ야 창히를 보틱리로다.

하엿더라. 공주 이 글 을푸며 옥수로 셔안을 치며 왈,
"시법 절묘하니 금세의 ᄃᆡ직로다."
하시고 공주 쏘한 시을 지여 화답ᄒᆞ니 그 글의 하엿스되,

일곡단져청아셩은
위연상봉쳔년ᄀᆡ.
월하언좌시부시요
일졍사모수옥ᄇᆡ라.

이 글 ᄯᅳ슨,

단져 말근 소ᄅᆡ 한 곡조의
연분이 되여 서로 만ᄂᆞᄯᅩ다.
월하의 자리을 연ᄒᆞ믄 글짓ᄂᆞᆫ ᄶᆡᆨ요.
옥잔의 두어순ᄇᆡ 술은 단지 사모하는 ᄯᅳ슬일네라.

잇ᄃᆡ 공주 두리 글을 읍기를 다한 후의 정다히 문왈,

"글은 반다시 '셩정ᄃᆡ로 짓ᄂᆞᆫ다' 하ᄂᆞ니, 본ᄃᆡ 쳔한 사ᄅᆞᆷ은 여렴의셔 살고 귀인은 궁즁의 ᄉᆡᆼ장ᄒᆞ나니 청컨ᄃᆡ 그ᄃᆡ는 근본을 은위치 말나."

하거ᄂᆞᆯ 셩의 ᄃᆡ왈,

"그러치 아니하여이다."

하니 공주 부답ᄒᆞ고 오현금을 나소와 셤셤옥수로 한 곡조을 히롱ᄒᆞ니 소ᄅᆡ 가장 쳐량ᄒᆞ여 ᄀᆡᆨ회을 돕난지라.

셩의 옷깃슬 염의고 꾸러 안자 고왈,

“옥주 소싱갓탄 쳔인을 더럽다 아니하시고 이딕지관하시니 은혜 틱산갓사와 감이 갑기을 의논치 못하리로소이다.”

공주 답왈,

“그딕 진짓 귀공자라. 금젼옥딕의 단풍시를 희롱ᄒᆞ니 심사 엇지 비창치 아니 하리요.”

셩의 묵언 양구의 말업시 안자더니 문득 금계 싀벽을 고ᄒᆞᄂᆞᆫ지라. 공주 몸을 리러셔며 시녀을 명ᄒᆞ여 셩의을 인도하야 보닉니라. 셩의 쳐소의 도라와 헤아리되, ‘공주난 진짓 여즁군자요 규즁호걸리라. 진실노 군자의 호귀거니와 도시 하늘리 졍하신 운수를 엇지 사람의 심으로 하리오. 고국을 싱각ᄒᆞ니 도로 수말이라. 닉의 심사을 붓칠 곳시 젼이 업쓰니 쳡쳡 무궁지한을 푸러 바릴기리 바이 업고 눈물 것칠 날이 업도다. 형산 빅옥이 진토 즁의 무쳐 잇고, 여싱의 직초을 문왕이 아니시면 뉘라셔 아려 보리오’ 리러텃 자탄으로 셰월을 보닉니라.

각셜, 잇딕 안평국 왕비 병셰 쾌복되엿스나 차자 셩의 사싱존망을 몰나 주야 실어하시더니 일일은 셩의 거쳐하던 방을 드러가니 빅옥셔안의 만 권 셔칙은 의구이 잇다만은 셩의에 형젹니 묘연한지라. 왕비 비창ᄒᆞ믈 이기지 못ᄒᆞ여 ᄒᆡ음업ᄂᆞᆫ 눈무리 간장으로 소ᄉᆞ나니 젼ᄃᆡ지 못ᄒᆞᄉᆞ 통곡ᄒᆞ시니 옥면으 흐르난 눈무리 비오듯 ᄶᅥ러져 옷지슬 사뭇 젹시난지라. 실셩 왈,

"셩의야, 어린네가 어미을 위하다가 도인의 말을 듯고 셔역이 어디라고 창파만경은 하날의 다앗고 운산이 쳡쳡ᄒᆞ ᄒᆡᆼ방을 모로ᄂᆞᆫᄃᆡ, 악수일별 ᄯᅥ난 후로 종젹이 영영 ᄭᅳᆫ쳐쓰니 엇지 슬푸지 아니하랴? 극낙셔역의 불법의 칙미ᄒᆞ여ᄯᅡ더니 그 말이 졍영ᄒᆞ냐? 약을 어더 오ᄂᆞᆫ 길르 수젹을 맛ᄂᆞ 죽어ᄂᆞᆫ야? 약수을 못건네고 수즁고혼이 되엿ᄂᆞᆫ야? 졍영이 죽엇거던 혼빅이라도 보자고나."

향의에 불칙한 소위은 의심은 잇건마는 ᄒᆡᆼ식이 탈누치 안이하니 엇지 짐작ᄒᆞ리요. 왕비 차탄을 마지 아니하시더니 문듯 기럭이 실피 울거늘 왕비 우름을 근치고 가로ᄃᆡ,

"차시ᄂᆞᆫ 하말추초여ᄂᆞᆯ 어이한 기러인다?[4] 네 비록 김싱이나 삼천우조 중의 유의한지라. 셩의에 소식을 젼코져 왓ᄂᆞᆫ야?"

ᄒᆞ시며 눈물을 금치 못ᄒᆞ더니 기러기 ᄯᅩ 울거늘 고히

---

4) 기러인다 : '기럭인다(기러기인다)'의 오각인 듯.

역여 시녀을 불너 무르신ᄃᆡ 시녀 고왈,

"젼일의 공자 기루시던 기러이로소이다. 연젼의 공자 림힝시의 기러기을 어로만지시며 경게 왈, '네 날노 더부러 일시도 ᄊᆞᄂᆞ미 업더니, ᄂᆡ 이제 곤젼 환우로 ᄒᆞ여곰 누말이 원정의 가 약을 구ᄒᆞ여 도라올 거시니 기간 원별을 당ᄒᆞᄆᆡ 창연ᄒᆞᄂᆞ 너ᄂᆞᆫ 부ᄃᆡ 쳐소를 써나지 말고 나 도라오기를 기달여 조히 잇스라. 만일 그간의 무삼 소식이 닛거던 곳 젼ᄒᆞ라. 지금 써ᄂᆞᄆᆡ 언제나 셔로 상봉ᄒᆞ랴? 원정의 만완할가 져어ᄒᆞ노라' ᄒᆞ시니 기러기 ᄃᆡ답ᄒᆞᄂᆞᆫ 듯 응ᄒᆞ여 울거ᄂᆞᆯ. 공자 기러기 등을 어루만지시며 가장 사랑ᄒᆞ시고 가신 후로 지우금 박기 나가지 아니하옵기로 궁여 등이 밥을 주어 며기압더니, 요ᄉᆡᆨ의 밤이 당ᄒᆞ오면 실피 울거ᄂᆞᆯ 이상ᄒᆞ오나 ᄂᆡ젼이 초원ᄒᆞ옵기로 낭낭이 모르시미로소이다."

왕비 쳥파의 시녀등을 ᄃᆡ칙하사 왈,

"그러하면 너히등이 엿ᄐᆡᄉᆞᆺ지 ᄂᆡ게 와 말치 아니하엿ᄂᆞᆫ다?"

궁녀등이 황공ᄒᆞ여 머리을 수겨 ᄃᆡ죄하더라. 왕비 즉시 ᄂᆡ리사 기러기을 어로만지시며 낙누 왈,

"네 비록 미무리ᄂᆞ 네 님자 잇난 곳슬 알지여다. 셔천의 드러가셔 사라ᄂᆞᆫ야? 망망한 ᄃᆡ히즁의 죽어셔 어별의

밥이 되엿ᄂᆞᆫ야? ᄂᆡ 마음 답답ᄒᆞ도다! 네 주인 말일 사라써든 ᄂᆡ 압페셔 셰 번만 울나."

하시니 기러기 고ᄀᆡ을 들던니 나ᄅᆡ를 치며 큰 소ᄅᆡ로 셰 번을 울거ᄂᆞᆯ 왕비 일히일비하시며,

"네 졍영 이ᄂᆞᆫ가 십푸ᄃᆞ."

ᄒᆞ시고 즉시 셩의 방즁의 드러가 지필을 드니 흉즁 답답하야 두 눈니 졍신이 상막한지라. 게우 진졍ᄒᆞ야 일봉 셔찰을 쓰며 왈,

"네 님ᄌᆡ 사라스면 그 곳슬 차자가셔 ᄂᆡ 편지을 젼할손야?"

하시니 기러기 머리을 셰 번 수기거ᄂᆞᆯ 왕비 즉시 셔찰을 기러기 다리의 ᄆᆡ고 경계 왈,

"네 두 나ᄅᆡ로 창쳔 말이 단이ᄂᆞᆫ ᄌᆡ조가 잇스니 부ᄃᆡ 네 주인을 차자 신젼ᄒᆞ고 도라와 젼젼불ᄆᆡᄒᆞᄂᆞᆫ ᄂᆡ 마음을 덜게 하라. 기러가 너 도라오기 젼은 ᄂᆡ 엇지 자리의 편이 눕기을 바ᄅᆡ랴?"

하시며 만단으로 졍셜ᄒᆞ시니 기러기 소ᄅᆡ을 셰 번 지르고 두 날ᄅᆡ 치며 즁천 놉피 써셔 ᄇᆡᆨ운을 무릅쓰고 셔북을 향ᄒᆞ야 가난지라. 왕비 보고 깃거하여 왈,

"쳔위신조하여 셩의의 소식을 드를는가?"

ᄒᆞ시고 만만히 환ᄒᆞ시더라. 잇ᄃᆡ 궁즁 시녀덜도 모다

깃거하며 화기가 등등하더라.

이 말이 자연 전파되니 셰자 향의 듯고 기러기을 진즉 업셰지 못ᄒᆞᆷ믈 한탄ᄒᆞ며 무용잇ᄂᆞᆫ 무사을 불너 은밀리 말을 ᄒᆞ되,

"졔가 비록 와룡지지가 잇셔도 살지 못ᄒᆞ리라."

하며 셔로 귀에 ᄃᆡ이고 말은 하되 의심이 업지 안터라.

화셜, 잇ᄃᆡ는 당연 추팔월 망간이라. ᄎᆡ란공주 침젼의 홀노 안자 셔칙을 상고ᄒᆞ다가 사창을 열고 ᄂᆡ다보니 동정의 빗친 월ᄉᆡᆨ 삼경의 명낭ᄒᆞ고, 금풍은 소실한ᄃᆡ 낙엽이 분분ᄒᆞ고 추수ᄂᆞᆫ 장쳔일ᄉᆡᆨ이라. 심사 살ᄂᆞᆫᄒᆞ여 빅옥을 불너 왈,

"셰월리 여류하여 어ᄂᆡ ᄉᆡ의 즁추졀을 당한지라! 창외의 오동입이 ᄯᅥ러져 물ᄉᆡᆨ이 유감ᄒᆞ니 호화한 사람도 심사 비감ᄒᆞ니 허물며 말이 타국의 외로운 ᄀᆡᆨ의 심사야 오직 실푸리오?"

ᄒᆞ니 빅옥이 ᄃᆡ왈,

"북쳔의 기러기ᄂᆞᆫ 남방으로 도라오고, 연자는 강남의로 도라가며, ᄃᆡ 숨풀 아ᄅᆡ의 국화가 만발ᄒᆞ고, 동방의 실솔이 슬피 우러 사람의 수회을 도도우고, 신풍셰우 지난 입은 옥노청풍 불거난ᄃᆡ 상엽이 홍어이월화요, 금풍삽이셥기하니 옥우확이징영이라. 왕발의 문장이요. 추

월식이 명낭히니 물식도 유감하고, 경마는 슬피 우러 마루 아릭 흘너 들고 유의한 두견셩은 추월강산 적막한딕 촉국한이 어졔 오날 아니연만은 이금에 피나게 우러 사람의 회포을 격동ᄒᆞ고 층층화게의 취란공작이 우지질 졔 미풍이 건듯 불미 힝닉가 진동ᄒᆞ오니 소비등은 다만 옥주을 모시고 금젼옥딕의 단지 시봉 쌘이오나 황상의 놉푸신 덕화 사히의 덥펴쓰오니 부귀 영총 직상가의 영웅호걸 문장직사 오작히 만하릿가? 황후 낭낭의 너부신 덕은 엿날 틱임틱사를 비하실지라. 그러하심으로 당시 옥주 갓타신 만셰 영낭 두시미 만민의 복인가 하나니다."

공주 청파의 미소 왈,

"네 말리 그러하나 닉 엇지 만민지복이 되리요. 나와 너히 등 갓탄 자는 여초목으로 동귀라. 사람이 셰상의 날진딕, 쳔하의 딕장부 몸이 되야 영준 호걸지풍치을 가져 우의로 셩상을 셤기고 아릭로 만민을 다사려 쳔추명젼을 못ᄒᆞ고 일단 심규만 직킬 ᄯᆞ름이라 무심 소원을 리류리오."

ᄒᆞ더라.

잇딕 춘난이 왈,

"당시 직경이 가려하와 무한심사을 자어닉거늘 하

물[5] 고국을 떠나 말이 타향의 고초ᄒᆞᄂᆞᆫ 사람이야 일너 무삼ᄒᆞ리요? 바라거ᄃᆡ 옥주낭낭은 소동을 한 번 청ᄒᆞ사 외로온 심사을 위로ᄒᆞ시미 조흘가 하나니다."

하거ᄂᆞᆯ 공주 묵언 양구에 왈,

"인정은 본ᄃᆡ 그러하나 외간 남자을 자조 불너 보기가 쳥문의 고이ᄒᆞ고 예모을 손상할가 져허ᄒᆞ노라. 그러나 네 이무 발셜하엿스니 청ᄒᆞ여 오라."

빅옥이 승명ᄒᆞ고 즉식 후원의 나어가 셩의을 부른이 잇ᄃᆡ 셩의 몸이 곤비ᄒᆞ여 바야허로 자더니 부르ᄂᆞᆫ 소ᄅᆡ의 ᄭᆡ다라 안지며 왈,

"뉘라셔 나를 찻ᄂᆞᆫ요?"

ᄒᆞ거ᄂᆞᆯ 빅옥이 ᄃᆡ왈,

"ᄂᆡ로라."

ᄒᆞ니, 셩의 공주 시녀 빅옥인 조를 알고 반가온 마음이 층양 업셔 잠간 헤오ᄃᆡ, '악가 ᄭᅮᆷ이 비상ᄒᆞ니 오ᄂᆞᆯ 무삼 조흔 이리 잇슬ᄂᆞᆫ가?' 하야 ᄃᆡ답ᄒᆞ여 왈,

"그ᄃᆡ 귀궁 시녀로셔 리런 심야의 날갓턴 쳔한 인ᄉᆡᆼ을 차지니 무삼 리리 잇ᄂᆞᆫ요?"

5) 하물 : '하물며'의 오각인 듯.

빅옥이 딕왈,

"옥주 그딕을 청ᄒᆞ시기로 왓노라."

하거늘 셩의 즉시 오슬 곳쳐 입고 빅옥을 싸라 금각젼의 리른이 공주 반겨 좌을 주고 문왈,

"기간 긱고가 엇더하뇨?"

셩의 딕왈,

"승상의 하히갓튼 은튁을 입ᄊᆞ와 아직 일신이 평안ᄒᆞ여이다."

하니 공주 시녀을 명ᄒᆞ야 옥반의 진수셩찬을 갓초와 셩의 앞푸 노코 항온주을 기우려 옥비의 가득 부어 권권상진한이 셩의 민졸한 마음을 이기지 못ᄒᆞ더라. 인ᄒᆞ여 상을 물이고 단져도 불며 거문고도 희롱ᄒᆞ며 각각이 글을 지여 화답ᄒᆞ여 셔로 층찬ᄒᆞ며 작작ᄒᆞ더니, 월식이 명낭ᄒᆞ야 산호주렴의 비치ᄂᆞ딕, 실솔셩 슬피 우러 사람의 회포을 자어닉고, 젼정의 국화쏫슨 추구수심 씌여잇고, 타향의 가을 소릭 원긱수회 도도온다.

월경명 야삼경의 비금은 숩풀의 자고 주수ᄂᆞᆫ 굴의 들러 천지가 고요한딕 호련 들이ᄂᆞᆫ 소릭 나거늘, 모다 잠잠이 안져 듯더니 문듯 동남으로셔 기러기 슬피 울며 졈졈 갓가이 오더니 반공의 놉피 써셔 금각젼을 향ᄒᆞ여 울고 도라다니거늘, 공주와 좌우 시녀 난간에 릭려 명낭한

달 아ᄅᆡ의 하늘을 우르러 살펴 보며 심히 고니 여겨 셔로 볼 지음의, 셩의 기러기 우ᄂᆞᆫ 소ᄅᆡ을 듯고 졍신이 아득ᄒᆞ야 가삼이 씨여지ᄂᆞᆫ 듯한지라 진졍ᄒᆞ야 ᄉᆡᆼ각ᄒᆞ되, '기러기 분명 ᄂᆡ가 기루던 기러기로다. 만일 다른 기러기 가틀진ᄃᆡ 가지 안코 나 안진 젼각 우의셔 이제ᄭᆞ지 소ᄅᆡ 질너 ᄂᆡ의 심장을 상울손야. 이ᄂᆡ 심사 둘 ᄃᆡ 업다. 소ᄅᆡ는 듯ᄂᆞᆫ다마는 눈은 어이 못 보난고?' ᄒᆞ며 ᄋᆡ갈자진ᄒᆞ야 여광여취가 되난고나. 넉시 업시 안져써니 기러기 졈졈 나라 ᄂᆡ리더니 두 나ᄅᆡ을 반만 페고 궁젼 사면으로 돌며 슬피우니 유이한 져 기러기 주인 찻ᄂᆞᆫ 조을게 뉘라 짐작하리? 공주와 모든 시녀 심신이 비월ᄒᆞ야 만단 의혹하더니 기러기 금각젼 난간을 날ᄀᆡ로 치며 일고셩을 지르더니 셩의 압펴 드러와 안지며 목을 늘러 슬피 울더니 고ᄀᆡ을 드러 셩의의 몸을 이치니 셩의 그제야 자기 기루던 기러기 온 졸 쾌이 알고 급피 두 손으로 기러기을 덤셕 안ᄭᅩ 왼몸을 어로만지며 쳬읍 낙누 왈,

"네가 이제 나를 차져 여기 오니 반다시 즁젼ᄭᅦ셔 승하ᄒᆞ시도다."

언파의 기러기 목을 안고 혼졀ᄒᆞ거ᄂᆞᆯ 좌우시녀 급피 구완할ᄉᆡ 공주 신기ᄒᆞ믈 이기지 못ᄒᆞ여 자셔이 살펴보니 기러기 다리예 일봉 셔찰이 ᄆᆡ엿거ᄂᆞᆯ 밧비 ᄭᅳᆯ너 보니

피봉의 ᄒᆞ여쓰되, '안평국 국모는 아자 셩의의게 부치노라' ᄒᆞ엿거늘 공주 보고 ᄂᆡ심의 경히하여 왕공자인 조를 알고 위로 왈,

"기러기 다리의 셔찰을 ᄆᆡ고 와쓴이 공자는 정신을 진정ᄒᆞ소셔. ᄂᆡ 쪄혀 보린이다."

셩의 일셩 체읍ᄒᆞ다가 진정ᄒᆞ여 공주을 향ᄒᆞ여 사례 왈,

"옥주 귀하신 몸이 쳔신으로 인연ᄒᆞ사 이ᄃᆡ지 수고ᄒᆞ시니 불승 황공ᄒᆞ오ᄂᆞ 편지를 보시면 듯기을 바라나니다."

하거늘 공주 친이 봉셔를 쪄여 보니 하엿스되,

모연 모월 모일의 안평국 국모는 일봉 셔찰을 아자 셩의의게 부치노라. 실푸도다! 셰상사을 가히 층양키 어렵도다. 조무리 시기하여 이몸의 병이 들ᄆᆡ 회춘이 망연이라. 아자 셩의 병든 어미을 위ᄒᆞ여 죽기을 무릅쓰고 실하을 쪄는 지 장차 오린지라. 십이 셰 어린 아히 출천효셩으로 도인의 말을 듯고 망망창히즁의 셔역이 어ᄃᆡ라고 연파 누말이을 편주의다 몸을 실여 도도발셥ᄒᆞ야 쪄놀젹의 날다려 리른 마리 '기간 보즁ᄒᆞ옵소셔. 정셩으로 셔천의 드러가 일령주을 어더 즉시 도라와 병을 낫게

하마' 하더니 지극한 네 효셩을 명쳔이 감동ᄒᆞ사 일령주를 어던야? 일거소식 돈절ᄒᆞ니 병셕의 잇는 몸이 너을 싱각ᄒᆞ면 슬푼 마음 여광여취가 되는구ᄂᆞ. 부지럽는 안날 마음 직발할제 만경창파 녹수즁의 어별의 밥이 된가? 풍파의 쎠밀여셔 어ᄂᆡ 지방의 의틱ᄒᆞᆫ가? 주소불ᄆᆡ하야 병이 졈졈 더하더니 일일른 네 형이 네 소식을 탐지하려 간하고 가더니 너난 오지 안이ᄒᆞ고 네 형이 일령주을 가지고 와셔 하기를 '셔역은 불국이라. 극낙한 향안셰게인 고로 불고부모ᄒᆞ고 부귀을 쓴구룸갓치 아라 셩의 진세을 이졋사오니 업는다시 역이소셔' 하며 션관을 만나 '일령주를 어더 왓노라' 하고 드리거ᄂᆞᆯ ᄂᆡ 경영 밋 못ᄒᆞᄂᆞ 일령주를 먹은 후의 ᄇᆡᆨ병이 물너가ᄆᆡ ᄂᆡ몸은 회춘이 되여쓰나, 불순불칙한 네 형이 즁노의 가더니 일령주은 오고 너난 오지 아니하니 불칙한 네 형의게 ᄒᆡ을 당한가 십퍼 주야의 의심이라. 일일은 네 거쳐을 나어가 보니 너 쓰던 수용물과 너 기루던 기러기가 의구이 잇던구나. 심사을 둘 ᄃᆡ 업셔 통곡하더니 기러기 ᄊᆞ라 울거ᄂᆞᆯ 고히하야 경셜ᄒᆞ니 응ᄒᆞ건을 마음의 신기하야 일장 셔간을 기러기게 부치ᄂᆞ니 엇지 일히일비가 안일소냐. 지극한 네의 효셩 ᄃᆡ순 증자을 비길지니 네의 효셩을 밋고 안송ᄒᆞ노라. 부왕 셩후도 무강ᄒᆞ시니 그리 알고 네의 소식

듯기 일각이 여삼추ᄒᆞ니 소식을 안 연후의 이제 죽어도 무삼 한이 잇슬소냐. 네 만일 ᄂᆡ 수셔을 바다 보거던 속속키 회답ᄒᆞ여 안송ᄒᆞ라. 무궁한 말을 엇지 다 기록하리요.

ᄒᆞ엿더라.

뎍셩의젼

권지하(卷之下)

각셜, 잇듸 셩의 정신을 진정ᄒᆞ야 편지을 듯기을 다 하믹 가삼이 찌여지난 듯ᄒᆞ고 간장이 녹난 듯 일변 반갑고 일변은 슬푼지라. 정신이 쇄락ᄒᆞ여 밧비 리러나 편지을 향ᄒᆞ야 사빅하려 할 졔 문득 두 눈이 불빗치 리러나며 번기갓치 쓰이니 비컨듸, 청천빅일리 흑운을 헛침갓고 칠야 삼경의 명월을 듸한 듯 일변 반갑고 길거운 마음을 엇지 다 셩언하리오. 쳔지 감동ᄒᆞ사 상한 눈을 다시 보니 일월리 명낭ᄒᆞ야 의구이 빗치도다. 싱시인지 몽즁인지 씌닷지 못할네라. 정신이 쇄락ᄒᆞ여 좌즁을 살펴보니 일위 공쥬 시녀을 다리고 화문등믹금나셕상의 단좌ᄒᆞ엿스니 옥안운빈이며 쳔틱만교가 진짓 졀듸가인이오 만고의 졀싀이라. 양틱 진 월 서시갓고 월궁항아 광한젼의 조회ᄒᆞ는듯 셔왕모 요지연의 빅셜한가 시푸도다. 기러기 편지을 젼ᄒᆞ니 정영한 요지연리로다. 한번 보믹 정신이 황홀한지라 심신이 비월ᄒᆞ야 주져하더니.

잇듸 공쥬 손으로 봉미션을 드러 압을 가리오고 낭낭한 소릭로 힝운유수 갓치 듯더니 쳔만의외에 셩의 두 눈을 써 유정이 살피물 보고 공주 혼빅이 비월ᄒᆞ고 마음이 경동ᄒᆞ여 나삼을 드러 옥면을 가리우고 완보을 졍이 옴겨 침젼으로 드러갈식 춘란 등이 쏘한 놀닉여 일시에 공주을 좃차 드러가고 셩의 홀노 안자 그 서간을 다시 보니 모친을 뵈온 듯ᄒᆞ더라. 안광이 더옥 명낭ᄒᆞ여 비록 칠야나 ᄒᆞᆫ 글자도 히미하미 업서 지삼 보와도 분명한 모친의 친필이라. 한 번 보고 두 번 보니 비회교집ᄒᆞ여 아모리 할 졸 몰나 흔흔이 안자더니.

차시 공주 도라가 춘란으로 ᄒᆞ여곰 말삼을 전ᄒᆞ여 왈,

"천고의 기히하고 이상한 이리라. 치하함을 층양치 못ᄒᆞ거니와 그ᄃᆡ 근본을 일정 기이믄 진실노 안여자의 ᄐᆡ도라. 그러나 이제로부터 ᄂᆡ외현적 ᄒᆞ엿시니 다시 뵈올 의논는 고사하고 지닌 일을 ᄉᆡᆼ각ᄒᆞ오변 참교ᄒᆞ미 만사오나, 바ᄅᆡ거ᄃᆡ 긔체 안보ᄒᆞ소셔."

ᄒᆞ거ᄂᆞᆯ 셩의 청파의 사례 왈,

"소국 천인이 옥주의 하히지ᄐᆡᆨ으로 관ᄃᆡ하심을 입사오니 그 은덕을 ᄉᆡᆼ각ᄒᆞ오면 ᄐᆡ산 낫차옵고 하히가 얏튼지라. 결초보은하려 ᄒᆞ옵더니 천도 유의하사 고목이 ᄉᆡᆼ화ᄒᆞ고 절쳐의 봉ᄉᆡᆼᄒᆞ여 두 눈이 열여 만무를 다시 보고 부모의 안후을 듯사오니 깃분 마음 층양이 업사오나 자금 이후로 화산이 기리 멀고 약수가 깁사오니 다시 뵈올 기약이 묘연한지라 창결ᄒᆞ물 엇지 다 층양ᄒᆞ오릿가. 그러나 귀체 안강ᄒᆞ옵소셔."

ᄒᆞ고 춘란 등을 작별ᄒᆞ고 인ᄒᆞ여 기러기을 안고 후원의 도라와 기러기 등을 쓰다듬어 왈,

“네 비록 미물이나 능히 말리 외의 소식을 젼ᄒᆞ여 부왕의 기후와 모비의 환후 평복ᄒᆞᆷ믈 알게ᄒᆞ니 이제로 죽어도 한이 업슬지라. ᄂᆡ가 이곳의 잇는 조를 네가 엇지 아런ᄂᆞᆫ다? 만일 너 곳 안이쓰면 ᄂᆡ 엇지 눈을 써셔 일월을 다시 보리요. 기러기 인공을 이싱으셔ᄂᆞᆫ 다 갑지 못ᄒᆞ리로다.”

ᄒᆞ고 다시 층찬 왈,

“한무제 시졀의 즁낭장 소무는 흉노 나라의 사신 갓다가 십구 년이 되ᄆᆡ 기러기 발의 글을 ᄆᆡ여 상임원의 소식을 통하야 본국의 도라가쓰니 아마도 네가 ᄇᆡᆨ아의 후신이로다.”

하고 날 ᄉᆡ기을 기다리더라.

잇ᄃᆡ의 춘란이 셩의의 답언을 드러다가 공주의게 고ᄒᆞ며 셔로 참교ᄒᆞᆷ믈 말하며 셩의의 일을 층송ᄒᆞ고 히환ᄒᆞᆷ믈 못ᄂᆡ 흠션ᄒᆞ더라. 공주은 ᄂᆡ렴의 결연함을 이기지 못ᄒᆞ여 심사 울울하는 즁일네라, 날리 장ᄎᆞ 발그ᄆᆡ 셩의 기러기을 품의 품고 호 승상 집을 나어가니 승상이 의혹ᄒᆞ여 이윽키 보시다가 문 밧기 ᄂᆡ다라 셩의의 손을 잡고 일경 일히하시며 무러 왈,

“천지 신명ᄒᆞ시도다. 네 엇지하여 안목이 일조의 발거난요?”

ᄒᆞ시거ᄂᆞᆯ 셩의 일러 ᄌᆡ비ᄒᆞ고 잇ᄃᆡ사 비로소 자초시종을 낫낫치 고한ᄃᆡ 승상이 듯기을 다하ᄆᆡ 신기하믈 못ᄂᆡ 층찬ᄒᆞ시며 왈,

"리런 리은 만고으 드문지라."

하고 희ᄉᆡᆨ이 만안ᄒᆞ더니 즉시 궐ᄂᆡ의 드러가 파조한 후의 셩의 눈 쓴 사연과 안평국 왕자로 모병을 위하야 셔역의 가 일령쥬을 어더 도라오다가 ᄒᆡ상의셔 ᄑᆡᆨ을 보와 표리하여 고초하던 사연을 낫낫치 주달한ᄃᆡ 상이 드르시고,

"직시 셩의을 입시하라."

하시고 신기하물 다 이로 층양치 못ᄒᆞ시더라. 승상이 즉시 승명ᄒᆞ고 물너나와 황졔 하교을 전ᄒᆞ시며 셩의을 다리고 황궐의 드러가 옥계하의 복지사ᄇᆡᆨ한ᄃᆡ 쳔자 인견ᄒᆞ사 셩의에 손을 잡으시고 가라사ᄃᆡ,

"네 본ᄃᆡ 옥경 션동으로 하계의 젹강ᄒᆞ미로다. 짐이 오ᄂᆞᆯᄂᆞᆯ 네 거동을 보니 ᄇᆡᆨ옥경의 노ᄂᆞᆫ 신션 향안젼의 근시한 듯 십푸니 진셰간의 기남자라."

하시고 호 승상을 도라보사 왈,

"경의 지인지감은 타인이 밋지 못할이로다."

하시며 셩의을 못ᄂᆡ 사랑하시고 가라사ᄃᆡ,

"아직 셩의을 경의 집으 머물르게 하라. ᄂᆡ 져로 ᄒᆞ여

금 의즁지인을 삼으리라."

하시고 상이 즉시 닉젼의 드러가사 희식이 만안하시니 황후 문왈,"폐하! 무삼 길거오미 게시관듸 쳔안의 희식이 가득ᄒᆞ신잇가?"

상이 환열하신 말삼으로,

"금조의 공주의 빅우을 어덧기로 자연 길거하나니다."

황후 문왈,

"엇더한 사람닌잇가?"

쳔자 가라사듸,

"젼일 단져 부던 아히라. 호 승상이 남일국의 갓다 회환시의 다리고 왓거늘 비록 아람다운 마음이 간졀하나 눈이 어둡기로 믜양 이달나 하더니, 이졔 두 눈을 써셔 일월을 다시 보고 그 근본을 알고 보니 강남 안평국 왕자라. 졔 실상을 드른이 쏘한 효자라 무삼 의심이 닛슬잇가? 본듸 강남이 길이 수로로 연파누말인고로 간삼연ᄒᆞ야 조회을 밧ᄂᆞ니 이제 셩의 엇지 근본을 속이며 닉보건듸 진짓 왕자의 기상이오 진셰간 호걸지상이오니 리런 영직을 다시ᄂᆞᆫ 보지 못할진니 닉 ᄉᆡᆼ각건듸 옥졔 치란으로 더부러 빅필 졍하신가 하ᄂᆞᆫ이다."

하시거늘, 황후 드르시고 길거하사 다시 불너 친견ᄒᆞ

시믈 청한되 상이 즉시 예관을 명초ᄒᆞ사 셩의을 부르시니 셩의 닉젼의 드러가 게하의셔 빅알ᄒᆞ온되 황후 셩의을 오르라 하사 갓가이 안치고 이윽히 보시다가 층찬 왈,

"명월리 구름을 헛치고 광일리 안기을 버셔남 갓도다!"

하시고 진주 보픽와 봉익션을 사급ᄒᆞ신이.

잇되 공주 금각젼의 셩의을 작별한 후로 피차 소식이 막막하믹 시시로 한하더니, 문듯 황후 낭낭니 셩의을 불너 보신단 마를 듯고 닉심의 깃겨 즉시 츈란을 다리고 황후 침젼의 드러가 주렴 식이로 흘여보니 관옥갓튼 얼고리며 엄졍한 기상이 늠늠ᄒᆞ고 안치가 황홀ᄒᆞ여 식별갓튼지라. 당당한 골격이 일되 영걸리요 만고의 영웅이라. 그 아름다운 거동을 보믹 식로이 반가옵고 연연낙낙ᄒᆞ나 젼일 셔로 지닉던 일을 싱각한이 시사로 붓그러운 마음이 ᄂᆞ는지라 못닉여 하더니.

차시의 상이 황후로 더부러 동좌하시고 셩의와 문답하실식 보난 직 뉘 아니 층찬하리오. 셩의 시셔 빅가어을 무불통지하니 금세의 되치요, 언사가 졍숙하니 황졔와 황후 셩심이 환열하사 호 승상을 도라보사 왈,

"셩의는 그되로 인연한 사람이라. 다리고 나어가 착시리 거두라."

하시고 못닉 하시더라. 승상이 승명ᄒᆞ고 셩의을 다리고 집의 도라와 후원 셔당의 거쳐을 정ᄒᆞ고 극키 ᄋᆡ즁ᄒᆞ고 극진공ᄃᆡ하여 존빈으로 ᄃᆡ졉ᄒᆞ니, 셩의에 풍치 일일빅승ᄒᆞ고 이두의 문필이며 ᄇᆡᆨ만지사하야 전필승 공필취하던 한신의 지용을 겸하엿스니 쳔지간의 기남자라. 보난 사람이 흠송치 아니하 리 업더라.

차시의 호 승상이 실하의 아달리 업고 다만 한 ᄯᆞᆯ을 두어스되 얼고리 국ᄉᆡᆨ이요. ᄇᆡᆨ사 민쳡ᄒᆞ여 효ᄒᆡᆼ이 ᄐᆡᆨ기하니 진지 요조숙여라. 승상 부부 극히 ᄋᆡ즁ᄒᆞ더니 일일은 승상이 부인을 ᄃᆡ하야 탄왈,

"우리 노ᄅᆡ의 남자을 두지 못ᄒᆞ고 다만 여아을 길너 나히 방연이라. ᄐᆡᆨ셔ᄒᆞ기을 널이하되 맛당이 구치 못ᄒᆞ오니 여아의 혼사가 ᄐᆡᆨ만하도다."

하시거ᄂᆞᆯ 부인이 ᄃᆡ왈,

"쳡이 듯사오니 셔당의 유ᄒᆞᄂᆞᆫ 셔동을 승상계셔 다려 왓스ᄆᆡ 금일노 보올진ᄃᆡ 영준호걸리라."

하시며,

"엇지 그ᄃᆡ지 근심ᄒᆞ신잇가. 이 사람으로 ᄒᆞ여금 여아의 혼사을 일우면 조흘가 하니다."

승상이 탄왈,

"그 소년이 당당한 왕자의 기상이라. 우리 여아은 한

낫 군자 빅필이요 왕후지기는 업는지라.”

하시고 왈,

“당시의 공주 방연이 십오 셰라. 셩의로 간틱의 쌉필지라. 향일의 궁인의 말을 드른이 공주의 현숙하미 젼일 영양공주의게 지닌다 하니 이난 반다시 셩의의계 졍한 빅필리라. 엇지 의혼ᄒᆞ린잇가.”

부인이 쳥파의 ᄭᅴ다르시더라.

각셜, 잇ᄯᅢ는 황졔 즉위 십삼 연 춘삼월리라. 춘풍은 유의하야 만물을 자싱ᄒᆞ고 십이원즁의 봄이 드러 화초가 만발하야 향기는 셥의ᄒᆞ고 춘조는 다졍ᄒᆞ여 빅반 졔할졔, 상이 황극젼의 젼좌하시고 알셩을 보이실ᄉᆡ. 호승상이 셩의을 보시고 과장의 드러가물 권ᄒᆞ시거ᄂᆞᆯ, 셩의 장즁의 드러갈ᄉᆡ 승상이 과장 여비을 일일리 차려 쥬시거ᄂᆞᆯ 셩의 즉시 장즁의 드러가 글제을 살펴보니, ‘유상곡수의 혜풍이 화창’이라 하엿거ᄂᆞᆯ, 빅옥연의 먹을 가라 산호동필 덤복 푸러 시지을 펼쳐 녹코 일필휘지하야 일천의 션장ᄒᆞ니 상시관이 글장 밧드러 상계 올여 왈,

“일쳔한 글장이압기 올이나니다.”

상이 친이 봉닉을 ᄀᆡ틱ᄒᆞ이니 이는 곳 젹셩의의 글리여ᄂᆞᆯ 용사비등한지라. 상이 ᄃᆡ찬 왈,

“셩의의 시지을 보니 셕일 이두의 문필을 겸하엿도다.”

하시고 금방의 일홈 불너 장원급졔을 하이시고, 어주로써 말이 타국의 외로우믈 위로하신 후의 또 상이 장원의 손을 잡으시고 가라사ᄃᆡ,

“이졔 경이 원방사람으로 금조의 입신양명ᄒᆞ여 일홈이 사ᄒᆡ의 진동ᄒᆞ니 엇지 아람답지 아니ᄒᆞ리오? 원컨ᄃᆡ 짐이 한 ᄯᆞᆯ을 두어쓰니 비록 님사의 덕힝은 업스나 가히 군자의 건질은 바다 조님할 만하니 과도이 욕되지 아니할지라. 경으로 부마을 졍ᄒᆞ나니 사양치 말ᄂᆞ.”

ᄒᆞ신ᄃᆡ 장이 ᄂᆡ심는 소원이나 거짓 사양 왈,

“셩상 명감지하의 극히 황공ᄒᆞ오나 소신이 외국 인물노 쳔은이 망극ᄒᆞ사 쳔조의 입신양명ᄒᆞ오니 망극ᄒᆞ와 폐ᄒᆞ의 하ᄒᆡ갓ᄉᆞ온 은ᄐᆡᆨ을 만분지 일리나 갑풀가 하옵거늘, 가지록 소신으로 부마을 졍ᄒᆞ시니 더욱 황감ᄒᆞ옵고 공주 귀체으 욕될가 져어ᄒᆞ오니 바ᄅᆡ건ᄃᆡ 복원 황상은 신의 사졍을 살피사 부마지교을 거두사 소신의 외로운 몸을 편케 하시믈 쳔만 바라오니 복원 폐하는 살피소셔.”

상이 쳥파의 부륜ᄒᆞ사 가라사ᄃᆡ,

“경은 과도이 경양치 말나.”

하시고 즉시 할님학사을 졔수하시니 할님이 더욱 감사하야 천은을 축사한ᄃᆡ, 쳔자 어악과 쳥동쌍기을 사급ᄒᆞ시고 실ᄂᆡ을 부루사 수삼차을 진퇴하시니. 할님이 더옥 황공ᄒᆞ여 쳔은을 축사하고 금포옥ᄃᆡ의 어사화을 쏩고 은안ᄇᆡᆨ마의 비거 안자 옥면봉안의 어주을 반취하야 좌수의 옥호을 들고 우수의 봉미션을 쥐고 궐문 밧기 나오니, 어악풍유와 청동쌍기는 반공의 어려잇고 금의화동이 젼차 후응ᄒᆞ여 승상 부즁의 도라올ᄉᆡ 승상부 허다 셔리 장원을 옹위ᄒᆞ여 ᄃᆡ로상으로 나오니 장안 장외의 귀경ᄒᆞᄂᆞᆫ ᄌᆞ 구름 묘듯 ᄒᆞ는지라. 남여ᄂᆞᆫ 고사ᄒᆞ고 ᄯᆞᆯ두어 사외 가리난 이는 뉘 아니 ᄯᅳᆺ 두 리 업더라. 할임이 승상부의 리르러 승상께 뵤온ᄃᆡ 승상의 길거하시문 일필노 ᄂᆞᆫ기로다. 할님이 비록 영귀하나 경ᄉᆞ을 밧찰 곳지 업셔 비회을 금치 못ᄒᆞ여 쳬읍낙누ᄒᆞ더라.

잇ᄃᆡ, ᄎᆡ란공주 젹공자 장원급제하야 할임학사 하믈 듯고 심즁의 암히하더니, 일일은 상이 ᄂᆡ젼의 드러오사 시녀을 명ᄒᆞ여 공주을 불너 황후로 더러 연좌하시고 공주을 히롱ᄒᆞ사 왈,

"ᄂᆡ 너로 하여곰 젹할님으로 부마을 졍ᄒᆞ엿시니 마음의 엇더하뇨?"

공주 북그렴을 먹음고 묵묵키 안자거ᄂᆞᆯ 상이 공주을 ᄋᆡ휼ᄒᆞ사 황후을 도라보시고 가라사ᄃᆡ,

"ᄂᆡ 져를 ᄉᆡᆼ각ᄒᆞ야 별과을 수차을 뵈엿쓰되 충효인ᄌᆡ을 보지 못ᄒᆞ여 한탄하더니, ᄎᆡ란 연광이 방연이라. 옥

졔 명감ᄒᆞ사 젹공자을 보ᄂᆡ시기로 셩의의 시ᄌᆡᆨ을 보니 쳔ᄒᆞ의 기늠자라. 짐의 소원을 일위워쓰니 이는 ᄎᆡ란의 복인가 하나니다."

황후 ᄃᆡ왈,

"신첩이 할님을 보와건이와 페하의 셩심을 옥제 감동ᄒᆞ사 어진 인연을 보ᄂᆡ신가 하나니다."

하더니, 문듯 기러기 소ᄅᆡ 나거늘 고히 역여 살펴보니 기러기 나라 ᄂᆡ려 젼ᄂᆡ의 드러와 공주 압푸 안지며 반기난 듯ᄒᆞ거늘 황제와 황후 고히 역이더니 공주 기러기을 살피다가 반겨 옥슈로 등을 어로만지며 왈,

"너도 이제ᄭᆞ지 머무난야?"

하거늘 황제와 황후 의혹ᄒᆞ사 문왈,

"너 엇지 그 홍안을 아라 사랑ᄒᆞ는다?"

하시니 공주 감이 소기지 못ᄒᆞ야 엿자오ᄃᆡ,

"신이 모월 모일의 젹공자의 단져셩을 듯고자 하와 거문고로 화답ᄒᆞ옵더니 이 홍안이 안평국 왕비의 편지을 젼ᄒᆞ기로 신이 그 눈 어두어 보지 못ᄒᆞ물 ᄋᆡ셕하와 그 셔간을 보아 들이압너니 호련 눈을 써 살피기로 피치 못ᄒᆞ와 면목상ᄃᆡ된 사연을 고ᄒᆞ니,황졔 층찬 왈,

"자고로 홍안은 젼신조라 하거니와 이 기러기는 진실노 왕모의 소식 젼턴 청조와 갓도다."

하시고 즉시 튁사관을 불너 튁일하라 하시니 일자가 불과 십일리 지격하여는지라. 황제 젼교ᄒᆞ사 '젹할임을 입시하라' 하시니 할님이 즉시 드러가 게하의 국궁한디 상이 디열ᄒᆞ사 가라사디,

"짐이 경을 더부러 동힁지신을 삼고자 하야 부마을 완졍ᄒᆞ고 일관으로 튁일ᄒᆞ니 길일리 십 일 지간이라. 경은 사양ᄒᆞ던 마음을 이지라."

하시거늘 할임이 할릴업셔 사은ᄒᆞ고 물너나와 승상의 도라가 승상게 언즁셜화을 고할ᄉᆡ, 황상의 구드신 은총과 승상의 후덕을 층송하며 비회자발하여 낙누하는지라. 승상이 위로 왈,

"차역 천수요 쏘한 그디 몸이 영귀할 ᄯᅢ라. 이졔는 귀국의 게신 부모을 뵤압기 쉬온지라 심중의 깃거함이 가하거날 도로혀 비창하문 불가하도다."

하시며 위로하더라.

할님이 셔당의 도라와 부모을 ᄉᆡᆼ각하고 비회을 금치 못ᄒᆞ더니, 잇디 상이 니젼의 드사 셩의로 부마 완졍한 말삼이며 길일리 십일을 지격한 말삼을 황후다려 하시니, 황후 디열하사 궁여의 분부하여 빅사을 신칙하시더라.

이러구러 길일리 당ᄒᆞ미 궐니의 디례셕을 빅셜ᄒᆞ고 젼안을 기다릴ᄉᆡ, 호 승상이 례졀을 갓초와 궐니로 드러

갈ᄉᆡ 신랑 풍치는 남ᄒᆡ 관음이 ᄒᆡ즁의 돗는 듯ᄒᆞ고 금포 잉삼의 봉의학ᄃᆡ을 ᄯᅴ고 머리의 순금사모을 쓰고 어사화 수겨 쏩고 은안빅마 우의 두려시 안자 쳥나산을 들여 일광을 가리우고 궐문으로 드러가니 국가의 ᄃᆡ경사라. 구경하난 남여노소 구룸 못듯하여 층찬 안이 하리 업더라. 할님이 젼졍의 리르러 말게 ᄂᆡ려 완보로 거러 고빅셕의 다달나 눈을 잠간 드러 좌우을 살펴보니 외면의는 만조빅관이 상을 모셔 시위하고, ᄂᆡ젼의는 수쳔 궁여 시위한 즁의 월픠궁여 수십 명이 공쥬을 부익ᄒᆞ여 ᄂᆞ오는ᄃᆡ 칠보단장의 금포자라상을 두르고 옥픽 소ᄅᆡ는 보보이 징징한ᄃᆡ 순금상노의 힝취가 진동하는지라. 동셔로 갈나셔셔 젼안을 마치믹 공주의 알옴다운 거동은 무산 낙포가 양ᄃᆡ의 ᄂᆡ림갓고, 할님의 풍치는 힝안젼의 근시하난 션관이 요지연의 빈설함 갓튼지라. 공주와 부마 침젼의로 드러가 연좌하니 외젼의 만조빅관이며 ᄂᆡ젼의 삼쳔 시녀더리 황제와 황후을 위하야 만세을 부르더라.

잇ᄃᆡ의 춘난 빅옥 두 시녀 옥반의 주안을 드려 신랑 할님과 공주 낭낭의게 합환주을 권할ᄉᆡ 잉무잔의 술을 가득히 부어 드리며 길거 왈,

"부마난 안평국 왕자요 공주는 즁국 옥주라. 말이 장쳔의 쳔산만수 가렷삽거ᄂᆞᆯ 화원의 언제 보시미 잇관ᄃᆡ

금야의 합힝쥬을 마시난잇가?"

하니 공주는 미소 부답고 할님은 웃고 가로듸,

"닉 젼일의 황상이 닉젼의 젼좌하시고 부르시기로 입시하야실 졔 닉 잠간 눈을 흘여 살피더니 공주 옥결누의 올나 망견할 씌의 보왓노라."

하니 춘란도 쏘한,

"그 시의는 소비도 보왓는이다."

하며 주빈을 연권하더니 날리 장차 져물미 좌우의 시위 궁여 외면의 시위ᄒᆞ고 금병옥촉을 발키고 원낭침상의 양인의 소원을 풀어 비취지낙을 리워니 싀로운 경은 비할듸 업더라. 잇튼늘 황상께 뵤온듸 황졔와 황후 못닉 사랑하시더라.

잇듸의 호 승상이 할님을 사랑ᄒᆞ야 소졔로 더부러 가긔을 삼고ᄌᆞ ᄒᆞ엿더니 부ᄆᆞ로 간션되미 익연한지라. 닉 쏘한 아달리 업시무로 믹양 실러하더니 할림의 익셩을 보고 수양자을 삼아 소졔 남미되고 승상 부부을 싱친과 갓치 공경ᄒᆞ니라.

잇듸 할님이 공주로 더러 삼 일을 지닌 후의 위의를 갓초오고, 공주 칙교을 타고 수십 시녀을 거나리고 승상부의 다다라 교자의 닉려 승상 양위께 뵤온듸. 승상 양위 답예ᄒᆞ고 좌을 정한 후의 공주 잔을 드러 승상 양위

께 수삼 비를 나수니 승상이 잔치을 비설ᄒᆞ고 공주을 디졉할식 승상부인이 공주을 위로 왈,

"귀주 금지옥엽으로 우연이 연분 잇셔 누실의 왕임ᄒᆞ옵시니 광치 비승흔지라."

하시고 잔을 잡아 술을 부어 공주께 드려 왈,

"노인의 정비오니 식양치 마르소셔. 노인의 다힝일가 하나니다."

공주 잔을 잡고 다른 잔의 술을 부어 쌍수로 드려 왈,

"부마 시시로 승상 양위 후은을 잇지 못ᄒᆞ오나 금일 노부터난 구고지례로 셤기리다."

하고 당즁을 둘너보니 모든 부인은 빅틱가 구비하고 승상 부인은 칠보화문관을 쓰고 옥픽을 차스니 비록 연기는 만ᄒᆞᄂᆞ 덕화 가득한지라. 또 모든 부인이 공주계 사례 왈,

"귀주 임하시물 보오니 위의 층양키 어렵도소이다. 칠보금등의 수십 시녀더른 나삼의 문화을 놉피하고 거힝이 분명ᄒᆞ며 풍악이 진동ᄒᆞ니 비하건디 왕모 요지연의 ᄂᆡ림 갓도소이다. 금일 승상이 귀주을 디면ᄒᆞ신이 오작키 회환하실잇가? 귀주을 위하야 수십 명 시비로 오식단화을 손의 쥐고 잉무잔을 베풀러 좌우의 세워스니 향취 만실ᄒᆞ문 양왕 궁즁의 홍연화을 버림갓고 귀주 신광

은 심신이 황홀한지라.”

하고 모다 사례하는지라. 공주 왈,

“모든 부인이 이갓치 관딕하시니 도로여 참괴하여이다.”

하고 공주 시녀을 명ᄒᆞ여,

“홍안을 올이라.”

하거늘 즉시 나어가 기러기을 안어다가 공주 압푸 노으니 그 기러기 목을 느려 소릭할식 순금관자을 다라거늘 좌우 부인이 고히 녁여 그 연고을 무른딕 공주 답왈,

“이 기러기난 부마 본국의 잇슬 졔 기루던 기러기라. 안평국 왕비의 셔간 젼하여쓰믹 부마 편지을 힝ᄒᆞ야 직빅하다가 누니 발가난고로 상이 신기히 역이사 가자을 주심이로소이다.”

만당좌즁이 다 신묘니 역이더라. 리러구러 날리 져물거늘 공주 하직하여 왈,

“지금 낭낭 기다리실지니 지리 모시지 못ᄒᆞ고 가나니다. 타일의 종종 뵈오리다.”

하며 기러기을 안고 교자의 올나 궁으로 드러가니라.

잇튼날 할임이 나와 승상을 뵈오니 승상 양주 할임을 마자 좌졍 후 승상이 주효로 할님을 딕졉ᄒᆞ고 가로딕,

“노부의 싱젼사후지사을 그딕의게 밋엇시니 여한이

업스리로다."

하신딕 할님이 빅사 왈,

"소자 죽사온들 엇지 져바리릿가?"

하거늘 승상이 더옥 익즁이 여기시더라.

부인이 왈,

"할임이 이제 부마로 입궐하기로 보기 어려울가 하엿더니, 직일의 공주 친임하시니 광치 빅승하야 노인 양복을 감할가 져어하더니, 또 금의 할님이 리르러 두 노인을 위로ᄒᆞ시니 셰상의 이런 향복은 쌍이 업슬가 하노니다. 당시 할님의 명망이 사히의 진동ᄒᆞ고 화려한 풍치난 인즁호걸이라. 직덕을 겸딕한 즁 금상쳠화로 부마가 되여쓰니 이갓치 귀하신 몸이 노인을 차자 보시니 다졍치 아니하리요? 이 몸은 죄 즁ᄒᆞ야 남자가 업는고로 셜워하옵더니 하날이 지시하사 할님을 맛나게 하시미라. 평싱 무궁지한을 풀고 싱젼 사후 의퇵을 바릭나니 할님은 노인의 말을 져바리지 마르소셔."

한딕 할님이 사례 왈,

"승상 양위 익휼ᄒᆞ신 은혜 빅골난망이라. 존언을 엇지 져바리리요?"

ᄒᆞ고 종일 질기다가 일모셔산ᄒᆞ미 승상 양위께 빅사하고 궐닉로 드러가니라.

셰월리 여류하여 수월리 지ᄂᆡᄆᆡ 일일은 부마 공주을 ᄃᆡ하여 왈,

“소ᄉᆡᆼ이 소국지인으로 즁국의 드러와 의탁되여 몸이 용문의 올나 입신양명ᄒᆞ고 겸ᄒᆞ여 공주로써 부부가 되오니 셩은이 망극ᄒᆞ오나 하ᄂᆞᆯ게 지은 죄을 면치 못할가 ᄒᆞᄂᆞ니다.”

공주 왈,

“쳡이 부마을 밧ᄯᅳᆫ 졔가 이무 수월리로ᄃᆡ 구고 안젼의 현알치 못ᄒᆞ오니 오륜의 큰 죄인이라. 여모정절은 여자의 ᄯᅥᆺᄯᅥᆺ한 ᄒᆡᆼ실이요 여필종부ᄂᆞᆫ 인륜의 셰ᄎᆡ라. 이졔 군자의 ᄯᅳ슬 리루게 하오리다. 연이ᄂᆞ 일즉 듯사오니 부마 형공의 불칙한 ᄒᆡ을 입어난지라. 즁노의셔 무삼 ᄌᆡ변이 잇슬 졸 모로오니 몬져 셔간을 써 모후ᄭᅦ 알게 ᄒᆞ미오을가 ᄒᆞ나니다.”

한ᄃᆡ 부마 올히 녀겨 즉시 셔간을 써셔 기러기 다리의 ᄆᆡ고 경게 왈,

“ᄂᆡ 종당의 네 모양을 그리련이와 우리 양인이 본국의 도라갈 기약을 두니 너난 자셔이 드르라. 왕연의 셔역의 드러가 일령주을 어더올ᄉᆡ 형공이 ᄇᆡ을 타고 마조나와 일령주을 아신 후의 션인을 다 죽이고 ᄂᆡ 눈을 멸ᄒᆞ여 판쪽을 ᄐᆡ여 ᄒᆡ즁의 밀쳐쓰니 일정 ᄂᆞ를 죽게 함이

라. 형공이 나을 죽은 졸노 아러쓰니 너는 이 글을 젼ᄒᆞ여 나을 인도ᄒᆞ라."

기러기 듯더니 고기을 드러 응ᄒᆞ고 나러나더니 동북으로 힝ᄒᆞ더라.

잇ᄃᆡ 공주 젼졍의 나어가 상쎄 주달 왈,

"부마 부모을 이별한 졔 오릭오믹 사모ᄒᆞ미 간졀ᄒᆞ온지라. 신도 쏘한 구고쎄 현알하옵고자 하온이 수삼삭 말미만 허하소셔."

상이 가라사ᄃᆡ,

"경의 부부 근친코ᄌᆞ ᄒᆞ니 이는 당연한 마리라. 부마를 입시하라."

하시거늘 부마 즉시 드러가 궐하의 숙빅한ᄃᆡ 상이 왈,

"드른이 경이 본국의 도라가 근친코자 하야 가려하니 이졔 곳 가고자 하는요?"

ᄒᆞ시거늘 부마 부복 주왈,

"소시니 쳔은이 망극하와 몸이 용문의 오르옵고 겸ᄒᆞ와 부마되오니 영화 극진ᄒᆞ오나 황공ᄒᆞ옵거니와 쳔지간의 부자간 쳔륜이 극즁ᄒᆞ온지라, 부모 실ᄒᆞ을 써는 졔우금 삼 연리라 엇지 슬푸지 아니 하오릿가. 본국의 도라가 쌍친을 보아 위로ᄒᆞ고 다시 현알하린이다. 복망 페하는 소신의 사경을 살피소셔."

하며 비창ᄒᆞ거ᄂᆞᆯ 상이 윤허하사 왈,

"부자간 천륜은 오륜의 읏듬이라. 짐이 막지 못하기로 허락ᄒᆞ니 근친 후의 도라와 다시 현알하라."

하시고 명ᄒᆞ사,

"부마 원졍ᄒᆡᆼ구를 극진이 ᄒᆞ여 부족되미 업게 하라."

하시니 즉일의 공주와 부마 황졔 황후 낭낭게 하직ᄒᆞ고 물너나와 호 승상 양위게 사연을 고ᄒᆞ니 ᄯᅥ나ᄂᆞᆫ 졍이 연연ᄒᆞ더라. 발ᄒᆡᆼ할ᄉᆡ 공주 왈,

"수로 누말이의 즁노의 무신 환을 당할지 모로오니 보검갑주을 가지고 가사이다."

하고 군물을 준비하고 군사 수ᄇᆡᆨ기와 장수 일인을 거나리고 ᄇᆡ의 올ᄂᆞ ᄒᆡᆼ션할ᄉᆡ, 져져 작별ᄒᆞ고 몽동ᄃᆡ션의 풍범을 놉피 달고 졍이 ᄒᆡᆼᄒᆞ더니 호련 당봉 순풍ᄒᆞ야 승어궁실ᄒᆞ하다.

각셜, 잇ᄃᆡ ᄒᆡᆼ션을 ᄌᆡ촉ᄒᆞ여 황셩 양ᄌᆞ강의 리르러 살펴보니 바람은 소실ᄒᆞ고 한 셤이 닛ᄂᆞᆫᄃᆡ 물가의 큰 바우가 잇고 그 압페 죽님이 무셩ᄒᆞ거ᄂᆞᆯ 부마 호련 옛일을 ᄉᆡᆼ각ᄒᆞ고 ᄂᆡ심의 혜아리되, '져 바우난 ᄂᆡ의 목심을 살인 바우라' 하시고 사공의게 분부ᄒᆞ야 ᄇᆡ을 어덕의 ᄃᆡ이고 암상의 올나 살펴보니 말이창ᄒᆡ의 픙낭이 도도ᄒᆞ야 파두 요량한지라. 자연 비감ᄒᆞ여 죽님을 나어가 살펴보

니 한 고ᄃᆡ 즁동 베한 ᄃᆡ가 잇거ᄂᆯ 단져 만든 ᄃᆡ가 분명한지라. 그 ᄃᆡ을 어로만져 왈,

"만일 너 곳 아니던들 ᄂᆡ 몸이 영귀치 못할ᄂᆡ다. 널노 인연ᄒᆞ야 몸이 귀히 되야 고국을 도라오니 다힝ᄒᆞ거니와 네을 무어시로 졍을 푀하리요?"

ᄒᆞ시고 실어하며 그 ᄃᆡ 슷슬 수화보문단으로 봉ᄒᆞ고 죽임을 써나 십여 일만의 한 곳ᄃᆡ 다다르니 날리 져물거ᄂᆯ ᄇᆡ을 머무르고 밤을 지ᄂᆡᆯᄉᆡ 월ᄉᆡᆨ이 영농한ᄃᆡ ᄒᆡ즁으로셔 사람의 우룸소ᄅᆡ 들이거ᄂᆯ, 이 곳슨 젼일 격군이 몰사ᄒᆞ던 곳지라. 부마 ᄭᆡ닷고 공주로 더부러 친이 졔물을 작만ᄒᆞ야 션상의 ᄇᆡ셜ᄒᆞ고 축문 지여 위로할ᄉᆡ 그 축문의 하여스되,

간지 모년 모월 모일의 즁국 부마도위 안평국 왕자 젹셩의난 통곡ᄒᆞ고 모든 격군의 고혼을 위로ᄒᆞ야 졔젼하노라. 오호라! 그ᄃᆡ 등으로 더부러 수로 누말이을 동고하야 일령주을 어더 회경ᄒᆞ다가 이곳의 다달나 불의한 변을 만나 면치 못ᄒᆞ고 셰을 조차 창ᄒᆡ 즁의 고혼이 되여스니 엇지 슬푸지 아니하리요. 차호라! ᄂᆡ 몸은 두 눈을 ᄲᆡ여 바린 후의 한 쪼각 판자을 ᄐᆡ워 만경창파의 밀쳐스니 살기을 바ᄅᆡ리오. 연이나 명쳔이 감동ᄒᆞ사 목

숨이 사라나셔 즁국의 들어가 호 승상을 맛나 유ᄒᆞ다가 몸이 용문의 올나 할님학사로 근시터니 금상쳠화로 쳔조 공주의 부마가 되여 이졔 나는 고국을 도라가니 부귀영화 극진하거니와 그ᄃᆡ등의 망혼니야 언의 늘의 고국을 도라오리요. 슬푸도다, 늘노 인연ᄒᆞ여 수즁 고혼이 되야쓴들 막비쳔수라. 과도히 원망치 마르소셔. ᄂᆡ 도라가 그ᄃᆡ등의 쳥빅한 고혼의 원억한 졍곡을 이지리뇨. ᄂᆡ 영귀하야 이졔 본국으 도라오미 그ᄃᆡ등의 혼영이 도우미라. 환국한 즉시의 군 등 자손을 불너 쓸 거시니 군등 혼령은 만반진수를 만이 흠향ᄒᆞ소셔.

ᄒᆞ며 부마 션즁의 안자 실셩통곡ᄒᆞ니 션즁 일힝이 뉘 안이 슬어하리요. 공쥬 부마을 위로ᄒᆞ고 졔을 파한 후의 졔무를 만이 봉ᄒᆞ야 히즁의 드리치고, 부마 시사로 실허하니 수운이 참담하더라. 빅을 ᄌᆡ촉ᄒᆞ여 본국으로 힝한이라.

각셜, 잇ᄃᆡ 안평국 즁젼 왕비 안족의 편지을 보ᄂᆡ고 회답 오기을 주야의 기다리더니. 일일은 왕상이 ᄂᆡ젼의 드사 왕비로 더부려 옥누의 올나 난간의 비겨 안자 양젼하 셩의을 싱각하시고 비회을 금치 못하시더니. 홀련 기러기 즁천의 놉피 써서 진 소릐로 알외는 듯하더니 순식간의 살 쏜다시 닉려와 왕비 압푸 안거놀 왕비 기러기만 보와도 셩의을 본 듯ᄒᆞ야 옥수로 기러기을 덥셕 안고 어로만지며 살펴보니 안족의 일봉 셔간을 믹고 왓거놀 일히일비ᄒᆞ여 급피 끌너 쎄여보니 사연의 하여쓰되,

불효자 셩의는 근빅비하옵고 부왕 젼하와 모비 낭낭게 올이는이다. 빅별리 오릭온딕 양젼하 긔후강영하시물 안편의 듯사오니 반갑고 셜운 마음 칭양이 업삽닉다. 셕연의 모비 병환을 위하와 실하을 써닉 셔역을 가올 젹의 쳔신만고ᄒᆞ와 십싱구사로 누말이 셔쳔의 리르러 일령주을 어더 오옵더니 희상 즁노의셔 포악한 변을 만나 일힝 격군을 다 죽이고 장차 소자을 죽이려 할제 거나린 군사 즁의 틱연이라 하는 사람의 심을 입어 목숨은 보젼하엿삽거니와 두 눈을 쎽여 한 목판 쪽을 틱와 창파 즁의 밀쳐쓰니 십이 셰 어린 거시 살기을 바라리요? 파도의 밀쳐여 지힝업시 가옵더니 여러 놀만의 한 셤의 다달나 짐작하온즉 언덕이옵거놀 더듬어 보니 바우가 잇삽기로 암상의 올나 정신을 수십ᄒᆞ옵더니 풍편의 딕 우난 소릭 들이기로 닉려가 더듬은즉 과연 딕밧시 잇삽기로 딕을 벼혀 단져을 만다러 슬푼 마음을 덜고 안자 오작의게 실과을 어더먹고 잇삽더니 쳔지신명ᄒᆞ사 즁국 호 승

상이 남일국의 사신으로 단여오시난 길의 소자을 다려다가 규하심을 입사와 승상부의 유하던 말이며, 용문의 올나 부마된 젼후 사연과 호 승상의 수양자된 말삼을 낫낫치 고달ᄒᆞ고, 공주로 더부러 고국을 즉힝ᄒᆞ오니 ᄯᅩ 즁노의 무삼 변이 잇슬지 모로오니 복망 쌍친은 살피옵소셔.

하엿더라. 왕비 보기을 다하ᄆᆡ, 젼하 쳥파의 옥누을 흘이시고 비감하시더라. 왕비 기러기을 붓들고 통곡ᄒᆞ여 슬어하시더니, 잇ᄯᆡ 세자 힝의 왕비 곡셩을 듯고 ᄃᆡ경ᄒᆞ여 드러가 복지하여 엿자오ᄃᆡ,

“모후난 무삼 연고로 리러타시 비창ᄒᆞ시난잇가?”

왕비 힝의을 보시고 잠잠하시거ᄂᆞᆯ 힝의 리러나 사면을 살펴보니 셔안의 일봉 셔찰이 노얏고 ᄯᅩ 기러기을 어로만지시거ᄂᆞᆯ 자셔이 보니 이난 곳 셩의 필젹이라. 힝의 ᄃᆡ왈,

“셔간을 보오니 셩의 즁국의 드러가 입신양명ᄒᆞ야 부마가 되엿다하니 이ᄂᆞᆫ 부왕의 셩덕이여ᄂᆞᆯ 엇지 심장을 상ᄒᆞ시ᄂᆞᆫ잇가. 밧비 예단을 갓초와 마조나가게 ᄒᆞ옵소셔.”

하거ᄂᆞᆯ 왕비 즉일 예단을 갓초와 즁노의 사신을 보ᄂᆡ니라.

잇ᄃᆡ 상이 칙교ᄒᆞ사, 힝의로 즁젼을 모셔 써나게 말ᄒᆞ시니라.

차셜, 힝의 마음의 헤오ᄃᆡ, '셩의 일정 죽은 졸노 아러더니 엇지 하여 사라쓰며 이ᄃᆡ지 영귀하게 되엿ᄂᆞᆫ고. 만일 셩의 곳 ᄂᆞ오면 ᄂᆡ의 젼후 힝젹이 발각되리로다' 가장 근심하다가 한 게괴을 ᄉᆡᆼ각하고 노복의게 분부하야 젹부리을 부르라, 이 사람은 지용이 과이하니라. 젹부리 하기을,

"ᄂᆡ 남필국을 쳐 항복바다 우리나라 지방을 널이리라."

하니 그 용ᄆᆡᆼ이 졀인지용을 가진지라. 이ᄂᆞᆯ 힝의 젹불을 쳥ᄒᆞ여 관ᄃᆡ하고 왈,

"그ᄃᆡ 나을 위하야 오ᄇᆡᆨ군을 거나리고 즁노의 나어가 ᄆᆡ복하엿ᄊᆞ가 셩의의 일힝을 쳐 함몰ᄒᆞ고 도라오면 쳔금상을 악기지 아니ᄒᆞ고, ᄂᆡ 장ᄎᆞ 위거하난 날의 즁님을 ᄆᆡᆨ길 거시니 그ᄃᆡ는 심을 다하여 셩사케 하라."

하니 젹부리 ᄃᆡ히 왈,

"차사는 소장의 손ᄉᆞᆺ틔 달여쓰니 조금도 의심치 마르시고 동군은 다만 후게을 차리소셔."

하며 하직하니 힝의 ᄃᆡ히하야 잔을 자바 술을 권ᄒᆞ며 질기다가 파셕하고 비밀리 의논하더라. 젹부리 도라와

군사을 거나리고 힝ᄒᆞ니라.

각셜, 잇ᄃᆡ 부마 ᄇᆡ을 ᄌᆡ촉ᄒᆞ야 청강의 다다른이 호련 즁천의 기러기 실피 울며 ᄶᅧ오더니 ᄇᆡ머리의 안거ᄂᆞᆯ 부마와 공주 크게 반겨 몸을 어로만지며 왈,

"네 능히 셔간을 젼ᄒᆞ엿ᄂᆞᆫ야?"

하니 기러기 고ᄀᆡ을 드러 응ᄒᆞ거ᄂᆞᆯ 일힝이 다 신기하믈 층찬하더라. 기러기 문듯 나러나더니 강변으로 ᄶᅧ단이며 슬피 울거ᄂᆞᆯ 부마와 공주며 일졔군 다 의심하더니 공주 왈,

"이졔 기러기 비록 김싱이나 신통ᄒᆞ미 잇스니 무삼 변이 잇슬지라. 반다시 불길지조니 여비하사이다."

하고 다려 오난 장수와 군사을 단속ᄒᆞ고 ᄯᅩ 힝장을 ᄭᅳᆯ너 갑주와 창겸을 ᄂᆡ여 공주 친이 화복을 벗고 의갑을 갓초오고 션두의 비겨 셔며 부마을,

"션즁의 드르소셔."

하거ᄂᆞᆯ 부마 왈,

"공주 연연약질리 무삼 지혀로 리렷텃 ᄒᆞ시ᄂᆞᆫ잇가?"

공주 왈,

"분명 젼두의 불의지변이 잇슬 거시니 우리 일힝 보호장으로 막다 못하면 쳡이 반다시 당젹하려 하오니 부마는 과도히 우려치 마르소셔."

ᄒᆞ고 졍이 힝ᄒᆞ더니 강변의 다다르ᄆᆡ 본국 예관이 ᄃᆡ후하야 마질ᄉᆡ 위의 거록ᄒᆞ더라.

이 지음의 일셩방포의 한 ᄯᅢ 군마 ᄂᆡ다라 질을 막은이 이 장수는 곳 젹부리라. 머리에 황금 투구을 쓰고 몸의 보신갑을 입어스며 손의 장창을 들고 쳘이 준마 우의 ᄂᆞᆸ피 안자 크게 웨여 왈,

"너히난 엇더한 도젹이관ᄃᆡ 무삼 ᄯᅳ슬 먹고 감이 우리나라 지을 범하난다?"

ᄒᆞ고 호롱 일셩의 달여드니 본국 예관이며 부마 일힝이 경황하여 본국 사신이 ᄭᅮ지져 왈,

"ᄂᆡ 왕명을 밧자 부마와 공주을 모시러 왓거ᄂᆞᆯ 엇지 범남한 ᄯᅳ슬 가지고 이갓치 항거하난다?"

하니 드른 쳬도 아니하고 고셩ᄃᆡ질 왈,

"도젹은 ᄲᆞᆯ이 ᄂᆞ와 죽기을 ᄃᆡ령하라."

하니 위엄 범 갓턴지라. 공주 ᄉᆡᆼ각하되, 이ᄂᆞᆫ 반다시 부마 형공의 흉게하고 수하의 다리고 온 장수을 명ᄒᆞ야 ᄃᆡ젹하라 하시니 청영ᄒᆞ고 장창을 빗겨들고 비신상마하야 ᄃᆡ호 왈,

"무지한 필부ᄂᆞᆫ 드르라. 나ᄂᆞᆫ 즁국 황사라. 부마는 너히 나라 왕자요, 낭낭은 우리 황실 공주라. 이에 부마 친힝코자 하시기로 황져 허하사 날노 하여곰 '보호하라' 명

하시믹 이에 리르러거놀 너는 무도불칙한 셰자와 동심ᄒᆞ야 이갓치 범남하거니와 쳔도 엇지 무심하리오."

한ᄃᆡ 젹부리 쳥이불문ᄒᆞ고 달여들거놀 마자 ᄊᆞ와 십여 합의 이르러 불분승부런이 문듯 젹부리 칼을 날여 황사을 칠ᄉᆡ 황사 몸을 날여 칼을 피하더니 젹부리 승승ᄒᆞ야 함셩ᄒᆞ고 달여드니 셩셰 가장 급한지라. 잇 지음의 기러거 강변의 울고 ᄂᆡ왕ᄒᆞ더니 물의 가 ᄉᆡ져 몸을 젹셔 모ᄅᆡ을 몸의 뭇치고 날ᄀᆡ의 가득 실코 공즁의 ᄯᅥᆺ다가 살손다시 ᄂᆡ려와 젹부리 얼골의다 ᄲᅮ리니, 제 아무리 명장인들 눈을 ᄯᅳ지 못하니 엇지 당젹하리오? 말을 달여 본진으로 도라가거놀 황사 게오 도라오니 공주 왈,

"만일 기러기 안이던들 하마 위ᄐᆡ할나다."

ᄒᆞ고,

"그ᄃᆡ의 창법을 보니 젹장을 당치 못할지라."

분기창쳔하야 자당출젼할ᄉᆡ 부마 말유 왈,

"이는 반다시 골육싱장이라. 공주는 안심ᄒᆞ소셔. ᄂᆡᄂᆞ어가 당젹하오리다."

한ᄃᆡ, 공주 ᄃᆡ왈,

"부마 지식이 넉넉ᄒᆞ오나 무례을 익키지 안이 하엿사오니 엇지 능히 용검ᄒᆞ리요? 쳡은 유시부텀 무기을 조와ᄒᆞ여 말달이기와 창쓰기을 연십하엿ᄊᆞ오니 금일의 젹

장의 용밍을 보오니 당시 명장이오ᄂᆞ 족키 두렵지 아니하오니 조금도 의심치 마옵소셔."

ᄒᆞ며 언미필의 창을 들고 몸을 날여 말게 오르며 번창 ᄃᆡ질 왈,

"네 우의로 왕상을 기망ᄒᆞ고 음흉한 ᄯᅳ슬 두어 무의한 힝실을 가지고 즁노의 와 우리을 ᄒᆡ코자 한들 하날리 도우심이 잇고 ᄯᅩ한 너의 즁간에 작ᄒᆡ할 졸 이무 알고 장졸을 거나려 왓거ᄂᆞᆯ 네 감이 항거하니 엇지 분치 아니하리오. ᄡᅡᆯ이 나와 죽기 ᄌᆡ촉ᄒᆞ라."

ᄒᆞᄂᆞᆫ 소ᄅᆡ 진주로 옥반을 굴이ᄂᆞᆫ 듯한지. 젹불이 경신을 진정하여 살펴보니 일원 소연이 말을 타고 진젼의 횡힝ᄒᆞ문 졔비갓턴지라. 젹부리 불승분기하여 달여드러 괴젼 칠십여 합의 불결승부러니, 기러기 ᄯᅩ 날ᄀᆡ의 모ᄅᆡ을 무쳐다가 불의 면상의 ᄡᅮ린이, 날ᄀᆡ치ᄂᆞᆫ 바람의 두 눈에 모ᄉᆡ가 드러가니 눈을 ᄯᅳ지 못할 지음의 공주 칼리 번ᄯᅳᆺ하며 젹불의 머리 마하의 ᄯᅥ러지ᄂᆞᆫ지라.

잇ᄃᆡ의 젹진 진즁의셔 젹부리 죽음을 보고 ᄯᅩ 한 장수 장창을 들고 ᄂᆡ다라 크게 웨여 왈,

"너ᄂᆞᆫ 조고만한 여라. ᄂᆡ 형을 죽이고 엇지 살기을 바ᄅᆡ리오?"

한이 이ᄂᆞᆫ 불의 아우 문이라. 오ᄇᆡᆨ근 쳘퇴을 들고 달

여드러 ᄊᆞ올ᄉᆡ, 황셩 장조리 졉응ᄒᆞ여 공주을 도우니 창검이 셜리 갓탄지라. 문이 더옥 분연ᄒᆞ야 셔로 ᄊᆞ와 칠십여합의 리르러 피차 승승하니 금술리 신묘ᄒᆞ미 진지젹수라. 공주 정신을 진정하여 무신 경문을 외오니 문듯 공즁으로셔 오방신장이 ᄂᆡ려와 좌우로 치며 호령소ᄅᆡ 천지 진동ᄒᆞ난지라. 문이 황겁ᄒᆞ여 닷고자더니 문듯 공주의 금광이 빗나며 문의 머리 금광을 좃차 ᄯᅥ러지ᄂᆞᆫ지라. 공주 칼을 드러 젹불의 군사을 지치고자 하다가 문듯 ᄭᆡ닷고, '젹불의 군사나 곳 부마국 ᄇᆡᆨ민이라' ᄒᆞ고 일졔이 호령ᄒᆞ야 셰우고 호언으로 ᄀᆡ위하야 방송ᄒᆞ니, 군사 물너나와 공주의 은덕을 송덕ᄒᆞ며 만셰을 부르고 군사 일의 주왈,

"망발상의 되여사오니 소졸등이 젼ᄇᆡ하물 바ᄅᆡ나이다."

공주 허하사 압셰우고 황셩 일힝은 뒤을 ᄯᆞ라 일힝 인마을 거나리고 도셩으로 드러갈ᄉᆡ 거리거리 송덕하며 만민이 모다 천만셰을 부르며 남여노소 업시 닷토와 구경ᄒᆞ더라.

잇ᄯᆡ의 힝의 젹불형졔을 약속ᄒᆞ야 보ᄂᆡ고 소식을 탐지하더니 젹불 형졔 공주 칼 아ᄅᆡ의 죽음을 듯고 분기을 참지 못ᄒᆞ여 왈,

“ᄂᆡ 젹부리을 수족갓치 역이ᄂᆞᆫᄃᆡ 불의 형졔 여자의 칼 ᄭᅳᆺᄐᆡ 혼이 되여스니 장차 ᄂᆡ일을 엇지 하리요. 결단코 셩의을 죽여 후환을 덜이라.”

하고 나오더니 문듯 뒤히로셔 한사람이 칼을 들고 ᄂᆡ다라 ᄭᅮ지져 왈,

“나난 당연의 ᄇᆡ을 타고 즁노의 마조 나가던 ᄐᆡ연이라. 일윤을 모로ᄂᆞᆫ 힝의 드르라. 네 젼일 ᄒᆡ즁의셔 어진 ᄃᆡ군을 죽이려 하거ᄂᆞᆯ 말유하ᄆᆡ 칼노 두 눈을 질너 모판쪽을 ᄐᆡ워 ᄒᆡ즁의 밀치니 이ᄂᆞᆫ 사람의 할 ᄇᆡ 아니라. 쳔도 명감ᄒᆞ사 상한 눈을 다시 ᄯᅳ고 영귀하야 고국의 도라오니 질거 안이하ᄂᆞᆫ ᄌᆡ 업거ᄂᆞᆯ, 네 호을노 포악ᄒᆞ여 윤기을 모로고 골육을 구지 ᄒᆡ코자 하니 무삼 원수로 그러하ᄂᆞᆫ요?”

ᄒᆞ며 언미필의 칼을 드러 힝의 목을 치니 머리 ᄯᅡ의 궁그ᄂᆞᆫ지라.

잇ᄃᆡ의 보ᄂᆞᆫ 자 뉘 안이 상쾌하게 알이요? 보고 듯ᄂᆞᆫ 사람이 다 ᄐᆡ연을 의기남자라 층ᄒᆞ더라. 그러나 ᄐᆡ연이 가로ᄃᆡ,

“ᄂᆡ 이졔 힝의을 죽이ᄆᆡ 장부의 울기ᄂᆞᆫ 더러스나 왕자을 죽여스니 나도 죽ᄂᆞᆫ 거시 올토다.”

하고 자결ᄒᆞ니 이ᄂᆞᆫ 후인을 경계ᄒᆞ밀네라.

잇ᄃᆡ 공주 힝차 궐문의 리르러 황사는 별궁으로 드러가고 공주와 부마는 ᄂᆡ궁으로 드러가 양젼게 복지 ᄇᆡ알한ᄃᆡ 즁젼이 일히일비하사 공주와 ᄃᆡ군의 손을 잡고 등을 어로만지시며 가라사ᄃᆡ,

"공주ᄂᆞᆫ ᄂᆡ의 셩부라."

하시고 ᄃᆡ군의 젼후 수말삼을 ᄃᆡ강 셜화하시며 금번의 나오다가 별난 만난 사연을 문답하시고 자탄하시물마지아니 하시거ᄂᆞᆯ 공주와 부마 만단으로 위로ᄒᆞ시더라.

잇ᄃᆡ 본국 사신이 왕상게 드러가 알외되,

"무장 ᄐᆡ연이 즁노의셔 셰자을 베히고 져도 ᄯᅩ한 죽어ᄂᆞ니다."

한ᄃᆡ, 상이 쳥파의 가라사ᄃᆡ,

"ᄐᆡ연이 일졀일역이로다. 졔가 셰자을 죽여쓰니 엇지살기을 바ᄅᆡ리요? 연이나 셰자는 ᄃᆡ군 례로 안장하라."

ᄒᆞ시고 궐ᄂᆡ의 ᄃᆡ연을 ᄇᆡ셜ᄒᆞ고 황사을 ᄃᆡ졉ᄒᆞ고 질길ᄉᆡ 삼ᄐᆡ육경이며 만조졔시니 일시의 하례하며 상호만셰하더라.

잇ᄃᆡ 황사 도라가기을 쳥ᄒᆞᆫᄃᆡ 왕이 허하시고 금은을 만이 상사하시며 쳔자게 사은ᄒᆞ시ᄂᆞᆫ 글월을 닥가주시니 ᄯᅩ 공주와 부마 황졔와 황후 낭낭게며 호 승상 양위게 글을 닥거주며 왈,

"그ᄃᆡ 몬져가면 나도 죵차 가리라."

ᄒᆞ고 반졍의 ᄂᆞ와 젼별ᄒᆞ더라.

각셜, 잇ᄃᆡ 공주 ᄐᆡ기 잇셔 십삭이 당ᄒᆞᄆᆡ 귀자을 탄ᄉᆡᆼᄒᆞ니 활달한 기남자라.

이러구러 세월리 여류하여 삼 연이 되엿ᄂᆞᆫ지라. 일일은 부마 기러기을 보다가 옛일을 ᄉᆡᆼ각ᄒᆞ고 부왕게 주왈,

"황상의 덕ᄐᆡᆨ과 호 승상의 은공은 여천여ᄒᆡ하오니 엇지 모로미 이져바리리요. 바ᄅᆡ건ᄃᆡ 부왕은 이 아ᄒᆡ로 셰자을 ᄎᆡᆨ봉ᄒᆞ소셔. 소자 공주로 더러 즁국의 가 한번 단여옴을 바ᄅᆡ나니다."

왕이 깃거 즉시 왕손으로 셰자을 ᄎᆡᆨ봉ᄒᆞ시고 일홈을 명이라 하시다. 공주와 부마 아자 명을 밧드러 부왕게 듸리고 부모양젼게 하직ᄒᆞ고 나올ᄉᆡ 양젼하 수히 도라오믈 당부ᄒᆞ시더라.

즉시 발ᄒᆡᆼᄒᆞ여 강변의 나와 비션을 타고 드러갈 션문이 즁국의 리르ᄂᆞᆫ지라. 순풍을 어더 오ᄅᆡ지 아니하야 즁국의 득달하니 황제 만조ᄇᆡᆨ관을 거나려 십이사장의 나오시사 환영ᄒᆞ시난 위의 거동은 일구로 ᄂᆞᆫ셜일네라. 바로 ᄂᆡ젼의 드러가 황후 낭낭게 ᄇᆡ알하고 예단을 드린ᄃᆡ 황후 환열ᄒᆞ사 말이 수로의 무사 도달하물 반기시며 안평국 표문을 보시니 사연의 언어가 공순한지라.

잇튼날 공주와 부마 호 승상씩오로 나어가니 승상 양위와 소졔 못닉 반기며 삼 연 기루던 졍과 귀자을 나어 셰자로 칙봉ᄒᆞ물 더옥 길거하시더라. 이후로부러 쳔자 딕연을 빅셜하시고 승상의 일가을 쳥ᄒᆞ야 늘마다 길기니 쳔하가 틱평ᄒᆞ더라.

잇딕 부마 공주로 더부러 승상 양주을 친부모갓치 딕졉하더라. 잇딕 호소제난 유 승상의 공자와 결혼ᄒᆞ시고, 부마와 유 승상 아자로 더부러 친남믹갓치 지닉니라.

각셜리라. 당연 추칠월 망간의 황제 붕ᄒᆞ시니, 쏘 황익통ᄒᆞ시다가 진하사 삼 일 지간의 쳔붕지탁을 당ᄒᆞ믹 공주와 부마 초종례을 극진이 하고 지셩으로 복제을 지닉던이 쏘 명연 추구월의 호 승상 양위 연만 구십이라. 기셰하시니 호소제와 부마 공주 익통ᄒᆞ믈 부모갓치 하더라. 초종예을 극진이 하여 션산의 안장ᄒᆞ고 삼연초토을 지닌 후의 부마 환국할 쓰슬 싱각ᄒᆞ고 신황제게 드러가 귀국ᄒᆞ물 고한딕 황제 못닉 연연ᄒᆞ시며 공주와 부마을 차마 놋치 못ᄒᆞ사 딕연을 빅셜하시고 수일을 셔로 길긴 후 보화을 만이 봉ᄒᆞ사 공주게 상시고 젼별ᄒᆞᄂᆞᆫ 졍은 비할 딕 업더라. 당연 추의 본국으로 도라올ᄉᆡ 조졍 빅관더리 십이외의 나와 젼송ᄒᆞ며, 호소제ᄂᆞᆫ 셔로 이별ᄒᆞᄂᆞᆫ 졍을 엇지 다 층양ᄒᆞ며 기록할가?

"슬푸다! 부마와 공주는 부듸 형졔지의을 잇지 마옵소셔."

ᄒᆞ며 셔로 잡고 창연ᄒᆞ여 눈물리 비오듯 흘으며 ᄋᆡ연이 작별ᄒᆞ고 ᄂᆡ외궁 시녀덜과 궁졍 노비들도 다 연연하더라. 즉일의 발힝ᄒᆞ여 ᄇᆡ의 올나 여러 늘만의 본국의 도라와 부왕과 모후게 보온ᄃᆡ 즁국 안을 무르신 후의 무사이 도라오물 못ᄂᆡ 깃거하시더라.

일일은 부마 부왕게 주왈,

"신이 셕연 셔역의 갈 졔 다리고 가셔 다 죽인 사람의 ᄌᆞ손을 차자 즁용코자 하나니다."

한ᄃᆡ 상이 왈,

"머물너 잇스라."

하시거늘,

잇ᄃᆡ의 왕상의 춘추 놉푸사 부마로 젼위하시ᄆᆡ,

부마 즉위ᄒᆞ시니 요순의 덕이 잇는지라. ᄇᆡᆨ셩을 인의로 다사리고 부셰을 반감ᄒᆞ고 옥문을 통ᄀᆡᄒᆞ라ᄒᆞ시니 신민의 송덕이 사ᄒᆡ의 가득한지라.

일일은 만조졔신의 조회을 밧고 하령 왈,

"짐이 셕연 셔역의 드러갈졔 동힝ᄒᆞ던 격국 짐으로 더부러 일신과 갓치 연파누말을 힝ᄒᆞ여 도러 불칙지환을 당ᄒᆞ여 십여 인명을 ᄒᆡ즁의 고혼이 되기는 짐으로 인연ᄒᆞ미라. 엇지 ᄉᆡᆼ각이 업스리오?"
ᄒᆞ시고 그 자손을 차자 져져이 관작을 봉ᄒᆞ시고 각각 결총 ᄇᆡᆨ결식을 끈어 상사ᄒᆞ시고,
"츙혼당을 지여 춘추의 향화하라."
하시고 ᄐᆡ연을 봉ᄒᆞ사 졀익공을 하이시고 축문과 향촉을 ᄂᆡ리시니 신민의 송덕이 날노 더하고 그 자손들은 셩은 축사하며 만만셰를 축수하더라. 상이 ᄯᅩ한 셔역의 금광보탑존자의 은헤을 잇지 못ᄒᆞ사 화상을 기러 젼각의 모시고 사시 분향ᄒᆞ시니라.
일일은 기러기 슬피 울고 젼상의 와 안거늘 왕이 문왈,
"네 고토을 ᄉᆡᆼ각ᄒᆞ야 우ᄂᆞᆫ다?"
기러기 고ᄀᆡ을 드러 응하거늘,
"ᄂᆡ 너로 ᄒᆞ여금 평ᄉᆡᆼ을 ᄯᅥ나지 마자 하엿더니, 네 이졔 가고자 하니 마지 못ᄒᆞ련이와 네의 공을 ᄉᆡᆼ각ᄒᆞ면 여산여ᄒᆡ로 비할소냐. 말이 장쳔의 셔신 ᄆᆡᆺ고 단이던 일과 졉젼시의 심을 다하야 도우던 일을 낫낫치 ᄉᆡᆼ각하면 ᄇᆡᆨ골인들 이질소냐. 슬푸도다! 인졔 가면 다시 보던 못하리라."
하시고 기러기 모상을 그려 벽상의 걸고 옛일을 ᄉᆡᆼ각하고 실펴하시더니 기러기 공주 좌젼의 안자 실픈 소ᄅᆡ로 여러 마듸을 울던이 날ᄀᆡ을 펴고 즁천의 놉피 ᄯᅥ셔

너울너울 북쳔으로 가더라. 잇ᄃᆡ 왕이 기러기 가난 양을 보시고 식음을 불감하시더라. 셰월리 여류하야 고왕 양젼하 연만 팔순의 양위 다 붕하시니 인산하사 광능의 모시고 종묘의 배향하시더라.

셰월리 여류하야 젼하의 츈추 사순이라. 당연 춘삼월의 운각ᄃᆡ의 잔ᄎᆡ을 ᄇᆡ셜ᄒᆞ고 문무ᄇᆡᆨ관을 모와 종일 진하하시더니, 춘풍이 건듯부니 힝춰가 진동ᄒᆞ고 춘조는 다정ᄒᆞ야 ᄭᅩᆺ가지의 나러안자 호사을 자랑ᄒᆞ고, 층층화게의 봉졉이 분분ᄒᆞ니 풍경이 장이 좃타. 무산십이봉은 ᄎᆡ운이 어려잇고 셔북을 바ᄅᆡ보니 말이창ᄒᆡ의 약수가 둘너잇고 동남으로 바ᄅᆡ보니 옛 ᄉᆡᆼ각이 ᄉᆡ로옵다. 즁국이 장원한ᄃᆡ 기러기 가고 업쓰니 소식 전송 어이하리. 왕이 비회을 금치 못하시니 문무졔시니 위로 왈,

"젼하의 덕화 일국의 덥펴쌉고 명망은 쳔하의 진동하엿삽거놀 엇지 비회하실잇가?"

하며 일져리 모아셔셔 만셰을 부르니 진실노 ᄐᆡ평셰게라 하더라. 일모 셔산하ᄆᆡ 잔채을 파하시고 환궁ᄒᆞ시다.

금왕 즉위 십 연의 왕화 일국의 펴여쓰니 근농학무하야 국부민강ᄒᆞ니 요지일월리요 순지건곤이라. 왕비 삼자이여을 두어쓰니 ᄀᆡᄀᆡ이 기남자라. 청수한 골격이며

활달한 거동이 모다 그 부친을 달마난지라. 왕후 낭낭이 쏘한 연요한 자틔와 지용을 겸젼하엿쓰니 금세의 무쌍이라. 두 공주 차차 장셩하미 월틔화용이 침어낙안지상이오 수화지태을 가져쓰니 영양공주에 비기더라. 셩자셩손이 개개승승ᄒᆞ고 국틔민안하야 도불십유ᄒᆞ고 산무도적하니 격양가을 부르며 우리 왕상은 틔평동낙으로 만만세지 무궁하옵소셔 하더라.

적셩의젼 하 종

사젹이 대단 좃심이다.

해 설

이 책이 저본으로 삼은《적성의전》은 완판 74장본이다. 완판 74장본은 한국학중앙연구원과 영남대학교에 소장된 이본인데, 양자는 판권지의 유무만 다를 뿐 같은 판각(板刻)에서 인출(印出)된 이본임을 알 수 있다.[1] 나손재에서 엮고, 인문과학연구소에서 1973년에 간행한《영인 고소설 판각본 전집3》에도 이와 동일한 이본이 수록되어 있는데, 이 이본 또한 앞의 둘과 동일한 판각에서 인출된 것으로 보인다. 여기서는 이 3종의 이본 중에서 한중연본을 대본으로 하되, 목판의 마멸이나 인출 혹은 유통 과정상의 훼손 등으로 인해 희미한 부분이 있을 경우에는 도남문고본과 나손본을 두루 참조하면서 원문 및 주해 작업을 수행했음을 밝혀 둔다.

---

1) 영남대학교의 도남문고에 소장된 이 판본은 다이쇼(大正) 5년(1916)에 조선총독부 경무청장의 허가를 받아 간행한 것이라는 내용의 판권지가 붙어 있고, 한중연본에는 이 판권지가 없다. 이하 이들 이본이 지닌 특징에 대해서는 이어지는 항목에서 상술할 것이다.

표제와 이본의 특징

《적성의전》은 작자 및 창작 연대 미상의 국문 고전소설로서 현재까지 알려진 바로는 한문으로 표기된 이본이 없다. 이 작품은 필사본, 방각본, 구활자본 등으로 다양하게 유포되었으며, 이본의 명칭 또한 여타 국문 고전소설 작품의 표제처럼 《젹셩의젼》·《뎍셩의젼》·《젹승의젼》·《적성의전》·《赤成義傳》·《狄成義傳》·《赤聖儀傳》·《積成義傳》·《翟成義傳》·《謫誠義傳》 등으로 두루 표기되고 있다. 이런 사실로 미루어 우리는 표음 위주의 지각적 편차를 제대로 드러내고자 하는 의도에 기인된 듯한 표제 방식의 다양성을 보는가 하면, 주관적 표기로 인한 혼란상 또한 아울러 읽을 수 있다. 이처럼 유포 방식 및 작품명의 표기가 다양하고, 실물로서의 이본이 양적으로 풍부하다는 사실은 바로 이 작품이 독자들에게 상당한 인기가 있었음을 의미하는 것이기도 하다.

조희웅의 조사와 연구에 의하면,[2] 《적성의전》의 이본은 필사본 50여 종, 판각본 20여 종, 활자본 10여 종 등 모두 80여 종으로 집계할 수 있다. 이처럼 많은 목록 중에서 연구 대상 자료로 선정되어 그 실상을 드러내고 있는 주요 이본으로는 경판 3종, 안성판 1종, 완판 3종, 필사본 10여 종, 그리고 활자본 2종 내외다. 이들 이본에 관한 연구로는 조춘호, 유광수, 이경희 등을 들 수 있다.

조춘호는 경판본과 완판본의 특성에 주목하면서 《적성의전》의 구조와 주제를 유기적 관련성 아래 언급한 바 있다.[3] 유광수는 경판 31장본 · 30장본 · 23장본을 두루 살피면서 가장 앞선 이본으로는 31장본을, 가장 정제된 이본으로는 30장본을 들고, 이들 이본보다 앞선 판본의 존재 가능성을 언급한 바 있다.[4] 이어서 그는 연세대 소장 《적성의전》 필사 47장본과 경판 31장본의 면밀한 비교를 통해 경판 33장본의 존재 가능성을 상정하고, 이 이본이 31장본보다 앞서 존재했을 것으로 추정했다. 결론적으로 그는 필사 47장본이 경판 33장본을 대본으로 해 필사된 것이라 논증하면서, 경판 33장본이 연대본의 필사 시기인

2) 조희웅, 《고전소설 이본목록》, 집문당, 1999, 614~618쪽; 《고전소설 연구보정(하)》, 박이정, 2006, 882~883쪽을 두루 참조.

3) 조춘호, 〈'적성의전' 연구〉, 《국어교육연구》 15, 1983.

4) 유광수, 〈경판본 '적성의전' 이본고〉, 《열상고전연구》 18, 2023.

1861년 이전에 이미 판각 유통되었을 것임을 확인한 셈이다.[5] 유광수의 앞 연구는 방각본의 출판문화사적 위치를 염두에 두고 있는 듯하다. 이와 유사한 시각에서 그는 구활자본 《적성의전》 6종을 경판본 계열과 세책본 계열로 나누어 살피면서 조선 후기 고전소설의 대중적 독서 현실 규명에도 깊이 있는 접근을 시도하고 있다.[6] 위의 논의가 방각본과 활자본 중심이었음에 비해 이경희는 필사본《적성의전》을 주목하고 있다. 그는 15종의 필사본과 방각본 2종의 상관성에 유의하면서 이들 이본의 줄거리를 대비하고, 완판 74장본과 유사한 필사본을 제시하면서 선본(善本) 및 선행본(先行本) 찾기의 필요성을 언급하고 있다.[7]

필자가 집필하고 있는 이 책은 주석을 곁들인《적성의전》의 현대어 번역과 원문을 두루 보여 줌으로써 독자층의 폭을 넓히고, 나아가서는 심도 있는 독서에도 보탬이

5) 유광수, 〈연세대 소장 '적성의전' 필사본과 초기 경판본의 관계〉, 《열상고전연구》 28, 2008.

6) 유광수, 〈세책본 고소설의 성립 연원과 제작 방식에 대하여－향목동 세책본 '적성의전'(1915)을 중심으로〉, 《고소설연구》 29, 2010.

7) 이경희, 〈필사본 '적성의전' 이본 연구〉, 《한민족어문학》 75, 2017.

되고자 하는 의도로 기획된 것이다. 이러한 기획 의도에 맞추어 필자가 저본으로 삼은 텍스트는 완판 74장본이다. 완판 74장본은 한국학중앙연구원 소장본과 영남대 소장본, 그리고 영인해 책으로 펴낸 나손본[8] 등이 있다. 이 중에서 나손본은 첫 장 앞면 전체와 뒷면의 두 줄, 그리고 끝장의 뒷면 모두가 마멸된 상태이며, 앞의 두 이본은 별다른 손상이 없다. 특이한 점은 이들 세 이본 모두 양각(陽刻)으로 된 목판본이지만 한중연본과 도남문고본의 첫 장 앞면의 두 줄만 음각이라는 것이다. 첫 줄은 책의 표제인 "뎍셩의젼"으로 음각되어 있으며, 둘째 줄은 "숑나라 시졀의 강남의 안평국리라 하는 나라리 잇(쓰되)"라는 내용의 음각이다.[9] 둘 중에서 도남문고본에만 다이쇼(大正) 5년, 즉 1916년이라는 간행 연도가 명시된 판권지가 붙어 있다.

---

8) 《영인 고소설 판각본 전집3》, 나손재 편, 인문과학연구소, 1973, 13~49쪽. 그리고 이헌홍이 역주하고 고려대학교 민족문화연구소에서 펴낸 《한국고전문학전집 23》(1996)의 《적성의전》은 이 자료를 저본으로 한 것임을 밝혀 둔다.

9) 나손본은 첫 장의 앞면이 유실된 상태이므로 두 줄의 음각 여부를 확인할 수 없다. 1916년 이전에 있었던 판본인지 아니면 한중연본 및 도남문고본과 동일한 판본인지를 단정하기 어렵다는 뜻이다.

위의 여러 사실로 미루어 보건대, 이 판각은 1916년 이전에 이미 이루어진 것으로서 마멸된 둘째 줄의 바로 앞, 즉 첫째 줄에 작품명을 음각해 인출하면서 조선총독부 경찰청의 허가를 받아 상품화한 것인 듯하다. 유광수의 앞 연구를 원용하면 완판 74장본 《적성의전》 생성의 상한은 최소한 1861년 이전이라 유추할 수 있을 것이며, 더 나아가서는 국문 방각본 가운데 가장 이른 시기의 작품으로 알려진 《삼설기》의 1846년 언저리까지 소급할 수도 있을 듯하다. 이와 함께 우리는 판각본(板刻本)의 미세한 부분이 마멸된 경우에 그 줄의 양각 부분을 깎아내고 그 자리에 같은 내용을 음각으로 새겨서 보완한 후에 이를 인출해 유통하는 현실의 일단을 엿볼 수도 있다.[10]

《적성의전》은 왕위 계승을 둘러싸고 전개되는 갈등과 그 해결 과정이 중심이 되는 이야기다. 무능하고 악한 성

10) 이와 함께 작품명 또한 '뎍셩의젼'으로 음각하고 있다. 이 표제는 판심에 보이는 책의 장 수 표시와 함께 병기되고 있는 '젹셩'이라는 기록으로 미루어 보건대 착오임이 분명하다. 이 착오가 각수(刻手)의 착오인지 아니면 출판업자의 의도적 오류인지는 불분명하다. 이로써 미루어 완판 74장본의 작품명을 굳이 '젹셩의젼'이라 표기할 필요 없이 한글맞춤법에 따라 '적성의전'이라 표기함이 오히려 타당할 것이다.

격의 소유자인 형 항의와 유능하고 효심이 깊은 성의 즉 악형선제(惡兄善弟) 간의 갈등과 그 귀추를 중심축으로 해 이야기가 전개된다. 이 책의 대본인 완판 74장본《적성의전》의 내용과 특징을 간단히 살펴보면, 형 항의의 음모에 의해 눈이 멀게 된 성의의 표류와 호 승상에 의한 구출, 구출된 성의가 중국 왕실의 채란 공주와 결연하면서 눈을 뜨게 되는 일련의 과정, 개안 후에 과거에 급제하고 부마로 선정되는 사연, 성의와 채란 공주가 함께 안평국으로 귀국하는 도정(道程)에서 겪는 형 항의의 아우 살해 음모와 그 극복, 항의가 보낸 군사를 격퇴하는 채란 공주의 무용담, 궁지에 몰린 채란 공주를 비둘기가 도움으로써 적부리 일당을 격퇴하는 장면 등으로 요약 정리할 수 있을 것이다.

이 중에서 특히 성의와 채란 공주의 결연 과정 및 적부리 일당과의 전투 장면 등이 다른 이본에 비해 보다 구체적으로 그려지고 있음을 확인할 수 있다. 완판 74장본의 이와 같은 특징을 통해 우리는 연애담과 군담을 애호하는 조선 후기 소설 독자의 대중 취향과《적성의전》의 상관성을 유추할 수도 있을 듯하다.

《적성의전》의 형성과 서사적 특징

《적성의전》은 비교적 널리 읽혀진 작품임에도 불구하고 작자 및 저작 시기에 대해서는 추정에 머무르고 있다. 그 까닭은 문헌적 근거가 부족하기 때문이다. 이러한 사정을 간단히 짚어 보기로 한다. 먼저, 안자산은 이 작품이 유교의 이상을 보급한 작품이라 했으며,[11] 한용운은《현우경》중의〈선사태자입해품(善事太子入海品)〉을 번역한 것으로 다소의 각색을 가했을 뿐이라 했다.[12] 김태준은 숙종조를 중심으로 한 문예의 황금시대에 나온 작품으로서, 이는《김태자전》과《육미당기》의 선행 작품이라 보았다.[13] 이어서 인권환은 이 작품의 근원설화로《석가여래십지수행기》의〈선우태자〉등을 들고, 이와 관련되는 설화와 소설들을 두루 언급한 바 있다. 이러한 논의를 바탕으로 그는《적성의전》이 고려 중엽에 불전에서 유출되어

---

11) 안자산,《조선문학사》, 한일서점, 1922.

12) 한용운,〈역경의 급무〉, 1937. 여기서는《한용운 전집2》(신구문화사, 1974)를 참조했다.

13) 김태준,《증보 조선소설사》, 학예사, 1939.

구전되다가 여타의 설화 소설과 마찬가지로 영정 연간이나 그 이전에 필사되었을 것이라고 했다.[14] 조춘호는《적성의전》이 전통적인 가치관의 토대 위에 근대지향적인 가치관이 성숙되고 있는 것으로 보아 영조조 이후의 작품이라 했으며,[15] 남상면은 이 작품을 본격적인 국문소설과 불교계 국문소설의 중간적인 성격의 작품으로 파악하고 필사 시기를 영 · 정조 이전으로 추정하고 있는[16] 등 여러 견해를 들 수 있다.

《적성의전》과 밀접한 관계에 있는 불전설화 및 후대의 한문소설인《육미당기》,《김태자전》등과의 상관성으로 이어지는 확장된 연구로는 장효현,[17] 이강옥,[18] 최호석,[19] 등의 성과를 들 수 있다. 이들 연구 중에서 최호석은

---

14) 인권환, 〈'젹셩의젼' 근원설화 연구〉,《인문논집》8, 1967.

15) 조춘호, 앞의 논문, 1983.

16) 남상면, 〈'젹셩의젼' 연구〉, 한양대학교 석사 학위 논문, 1984.

17) 장효현,《서유영 문학의 연구》, 아세아문화사, 1988.

18) 이강옥, 〈불경계 설화의 소설화 과정에 대한 고찰〉,《고전문학연구》4, 1988.

19) 최호석, 〈'석가여래십지수행기'의 소설사적 전개－'선우태자' · '적성의전' · '육미당기'를 중심으로〉, 고려대학교 석사 학위 논문, 1993.

선행 연구 성과를 검토하면서 보다 종합적인 견해를 펼치고 있다. 그는《석가여래십지수행기》의 불교설화적 성격을 전제로 이에 관련된 문헌의 광범위한 검토를 통해《적성의전》의 근원설화를《석가여래십지수행기》제6지의 〈선우태자〉로 보다 구체화하고 있다. 이렇게 유전되던 〈선우태자〉 설화가 소설이 주류 갈래로 성행하는 시대에 이르러《적성의전》이라는 소설로 구현될 수 있었다는 논지다. 이로써《적성의전》은 갈등의 정도가 심화되고, 남녀 결연담이 첨가되며, 장자에게 집중되던 가문 상속에 대한 당대의 문제의식 등을 두루 담아내는 방향으로의 소설적 전개를 보이게 된다. 이런 추세에 더해《육미당기》라는 한문소설로도 창작됨으로써 〈선우태자〉·《적성의전》·《육미당기》는 우리 소설사에서 독특한 지위를 누리는, 상호 유기적 관련성의 서사문학으로 자리매김할 수 있다는 등의 논리로 귀결하고 있다.

이상에서 살펴본 바와 같이《적성의전》의 형성 과정에 대한 그간의 논의는 대부분 불교설화에 치우쳐 있음을 알 수 있다. 그런데 시각을 조금 더 넓혀서 보면《적성의전》은 유교적 성격의 효와 우애가 표면적 주제로 작품 전체에 일관되게 흐르고 있으며, 그 바탕에는 이상 세계라는 도교적 색채와 함께 무속의 이계 여행 체험과 영력 획득의 세계관이 짙게 깔려 있다는 점에서 그 성격이 보다 복합적임을 알 수 있다. 따라서 이 작품의 형성과 전개에 대한 연구는 유교, 도교 및 무속적 측면 등에서의 다양한 논의로 확대되어야 할 필요성도 있을 것이다.

일례를 들면, 《적성의전》의 주인공이 일영주를 구해와서 모친의 병을 회생시키고 뒷날 왕위를 계승한다는 서사의 원형은 서사무가 〈바리데기〉와 일맥상통하는 면이 있는 듯하다. 딸만 여섯을 연달아 내리 갖게 된 바리데기의 부모는 온갖 치성을 드려서 일곱 번째 아이를 얻게 되는데, 이 또한 딸임을 알고서는 너무나 실망한 나머지 그 딸을 버리게 된다.[20] 세월이 흘러 그 부친이 불치병에 걸려 사경을 헤맬 때 버림받은 딸 바리데기만이 홀로 부친을 살릴 약을 찾기 위해 삼신산 불사약 혹은 봉래 방장 무장승의 양여수를 찾아 나서게 되는데, 그 여정은 너무나 위험해서 여섯 딸 모두가 외면했던 길이다. 이러한 여정 중에 바리공주는 동수자 내지 무장승과 수년간 동거하고 3형제 혹은 7형제를 낳은 후에 돌아와 부모를 살려 내게 되는가 하면, 뒷날 동수자는 산천신으로, 바리데기의 부모

20) '바리데기' 혹은 '바리공주'라는 이름도 이에서 비롯된 것인 듯하다.

는 견우직녀로, 아들 3형제는 삼태성으로, 바리데기 7형제는 북두칠성으로 점지되는 등의 모습으로 마무리되는 내용을 보인다.[21]

이 같은 〈바리공주〉 이야기는 효행구친(孝行救親) 모티프와 이계 여행(異界旅行) 모티프가 복합된 모습으로 전해 오고 있다는 점에서 《적성의전》의 구조와 유사한 성격을 지닌다고 할 것이다. 이를테면, 민간에 구전되던 이와 같은 유형 서사의 근간에 불전 관련 설화 등이 겹쳐지고, 조선 후기의 애정 · 가정 · 영웅소설의 흥미유발적 요소인 남녀 결연, 군담, 기러기의 소식 전달, 형제간의 우애나 갈등 등의 요소들이 복합됨으로써 《적성의전》 나름의 서사적 독자성을 확보하게 되지 않았을까 한다. 이러한 관점과 함께 앞서 살핀 불전 서사 관련 논의들을 연관 지어 필자는 이 작품의 형성 내지는 필사 시기를 영 · 정조 이전으로 추정하는 견해에 동의하고자 한다.

---

21) 〈바리데기〉는 굿의 현장에서 구연되는 무가이므로 각 편마다 등장인물의 수와 이름은 물론, 그 행적 등도 변이되는 다양한 모습을 보인다. 〈바리데기〉 여러 각 편의 내용과 줄거리 및 특징 등에 대해서는 김진영 · 홍태한 편저, 《서사무가 바리공주 전집》(민속원, 1997)과 김석출 구연, 이경하 역주, 《바리데기》(돌베개, 2019) 등을 두루 참조했다.

이 밖에도 《적성의전》을 소재론적 측면에서 분석한 연구 및 이와 관련성을 지닌 여타 작품들과의 비교를 통한 작품론적 연구도 있다. 《적성의전》에 보이는 청각적 소재인 피리 소리, 거문고 소리, 기러기 소리, 창수(唱酬) 소리 등의 분석을 통해 등장인물의 인연이 매개되거나 비범성이 확보되는 등의 모습을 살피는가 하면,[22] 형제갈등형 고전소설의 특징과 문제점을 지적하면서 〈적성의전〉은 계후(繼后) 관습과 그로 인한 갈등 및 제도에 대한 문제점을 그린 작품이라[23] 언급하기도 하고, 고전소설의 바다 형상과 그 변모를 추적함으로써 등장인물의 활동무대가 확장되고 활동성이 강화되는 효과를 살핀 연구도[24] 있다.

---

22) 박성호, 〈적성의전에 나타난 청각적인 소재의 역할과 의미〉, 《동방학》 23, 2012.

23) 정충권, 〈형제갈등형 고전소설의 갈등 전개양상과 그 지향점〉, 《문학치료연구》 34, 2015.

24) 이승은, 〈고전소설 속 바다 형상과 근대적 변모〉, 《고전과 해석》 27, 2019.

《적성의전》의 구조와 의미

《적성의전》은 강남 안평국의 왕자 성의가 모친의 불치병을 치유하기 위한 영약 즉 일영주를 구하기 위해 미지의 서역을 향해 떠났다가 목숨을 잃을 뻔한 위기를 넘기는 등의 수많은 고난 끝에 고국으로 돌아와 뒷날 왕위를 계승하게 되는 내용으로 마무리된다. 이처럼 《적성의전》은 주인공 성의의 파란만장한 일대기에 가까운 이야기다.

성의는 순후한 성품에다 자질과 능력이 뛰어났음에도 불구하고, 장자가 아니라는 이유만으로 세자 책봉에서 밀려난다. 사정이 이러하기에 성의의 고난은 세자 항의의 질투심으로 인해 더욱 심화된다. 동생 성의의 성품과 자질, 그리고 부모로부터의 신망으로 인해 자신의 왕위 계승에 차질이 생길까 봐 스스로 불안을 느낀 항의는 성의의 귀국 길 마중을 핑계로 나가 중로에서 일영주를 빼앗고는 성의의 눈을 찔러 바다에 밀쳐 버린다. 맹안(盲眼)의 몸으로 판자 조각에 얹혀 망망대해에 버려진 성의는 작은 바위섬에 표착해 연명하다가, 마침 남일국에 사신 갔다 돌아오던 호 승상에게 구출되어 중국으로 들어가게 되고, 단저(短笛)를 잘 부는 솜씨로 인해 천자의 궁궐 후원에 머무르게 된다.

이런 인연으로 성의는 그곳에서 채란 공주를 만나 시서와 음률을 화답하는 한편, 공주가 기러기 발목에 매달린 모친의 편지를 읽어 주는 내용을 듣던 중 감격으로 눈을 뜨게 된다. 이후에 장원급제한 성의는 채란 공주와 결혼함으로써 중국 황실의 부마라는 지위에 오른다. 이런 과정을 통해 승승장구한 성의는 공주와 함께 안평국으로 귀환하는 노정에 오르는데, 이때 항의가 보낸 자객을 공주가 물리치니, 이를 보다 못한 항의가 직접 나와 싸우다가 의분에 격한 안평국 군사에게 살해된다. 이와 같은 우여곡절 끝에 성의는 안평국에 귀환해 왕위를 계승하고 태평성대를 누리게 된다는 이야기다.

이 작품의 구조적 틀을 탐색주지로 살핀 이른 시기의 연구가 있다. 이 연구는《적성의전》에서의 탐색주지를 결혼을 전제로 한 성년식의 한 시련으로 보면서, 탐색의 무대는 불교적 극락세계이고, 사건의 진행은 출발, 착수, 복귀의 순으로 진행되며, 탐색의 보상은 결국 공주를 신부로 취하는 것이라고 했다.[25] 한편,《적성의전》을 전기적 구

25) 양한석,〈적성의전에 나타난 탐색주지〉, 충남대학교 석사 학위 논문, 1981. 그러나 이 논문에서 주장하고 있는 탐색의 목표와 무대, 그리

조에서 영웅소설적 형태로 발전해 가는 중간적인 작품으로 파악하면서 이 작품의 구조를 효행설화, 개안설화, 영웅설화의 결합이라는 관점에서 분석한 연구도 있다.[26] 이어서 최정락은 경판 23장본《적성의전》의 줄거리를 14개의 주요 단락으로 나누고 이를 바탕으로 이 작품이 ① 일영주를 구해 오는 삽화, ② 공주와 결혼하는 삽화, ③ 형제가 갈등 투쟁하는 삽화 등의 세 삽화로 이루어져 있다고 하면서 이 작품의 구조는 탐색주지(探索主旨)의 서사유형이며, 주제는 지향 욕망의 성취와 기존 사회에의 영예로운 편입이라고 했다.[27]

《적성의전》은 주인공의 '탐색적 생애'를 그린 작품이다. 결핍의 현실, 결핍 현실의 해결을 위해 감행하는 주인공의 가출, 위험으로 가득한 미지의 탐색 공간, 악마에게 당한 위기의 순간, 투쟁에서의 승리와 극복 후의 귀환이라는 점에서 탐색담의 구조와 일치한다. 《적성의전》의

고 탐색의 보상 등에 대한 관점은《적성의전》의 구조와 주제를 통합적인 안목에서 살피지 못하는 한계를 보이기도 한다.

26) 남상면, 〈적성의전 연구〉, 한양대학교 석사 학위 논문, 1985.

27) 최정락, 〈적셩의젼〉, 《한국고전소설작품론》, 집문당, 1990.

이 같은 탐색담적 구조는 당대 현실과 밀접한 상관성을 지니는 것으로 해석할 수 있다. 이런 현실적 상관성의 구축과 함께 《적성의전》은 조선 후기 국문소설의 관습적 전통, 흥미 지향적 제 요소와 결합함으로써 복합적 구조를 지니게 된다.

이를 좀 더 구체적으로 살펴보면, 이 작품은 시간적 순서에 따라 전개되는 순차적 이야기 줄거리와 함께 ① 결핍 현실과 이계 여행(異界旅行), ② 조력자의 도움 및 공주와의 결혼, ③ 형제갈등과 현세로의 귀환, ④ 결핍 현실 해소 등의 네 삽화가 병렬적으로 전개되기도 하는 복합적 구조를 보인다. 이들 네 삽화는 각각 어느 정도 완결된 구조를 지니고 있다. 삽화 ①은 집을 떠나 위험으로 가득 찬 미지의 세계에서 모험과 고난 끝에 무엇인가를 찾아서 귀환하는 순서로 전개되는 탐색적 사건 구조를 지니고 있으며, 삽화 ②는 주인공이 맹안(盲眼)의 상태로 중국 황실의 후원에 기거하면서, 신기에 가까운 단저(短笛) 솜씨 때문에 공주와 인연을 맺게 되고, 이어서 신체적 결함의 해소와 함께 과거에 장원급제함으로써 결혼에까지 도달한다는 삽화다. 그런데 이 삽화에 보이는 주인공과 채란 공주의 결연은 영웅소설에 흔히 보이는 단편적 결연담과는 달리 양적 · 질적인 면에서 낭만적인 요소가 강해 애정소설적

면모를 지니기도 한다. 이 결연 삽화는 《적성의전》에서 가장 구체적으로 묘사되고 있을 뿐만 아니라 분량 면에서도 가장 큰 비중을 차지한다. 삽화 ①, ②가 작품 내에서 연속적 · 독립적으로 서술되고 있음에 비해 삽화 ③은 연속적인 한 덩어리로 존재하지 않고 셋으로 분산되어 나타난다. 이 삽화는 형제갈등이면서 이와 동시에 성의로 대변되는 선과 항의로 대변되는 악의 대결로 유형화된다. 이 대결에서는 선이 수동적 피해자임에 반해 악은 능동적 주체로 활약하지만, 결국에는 선에 의해서 악이 징치되는 군담소설적 구조를 보이게 된다. 나아가 이 대결은 결핍 현실의 해결이라는 대단원으로서의 기능을 지니기도 한다. 이처럼 《적성의전》에 보이는 이질적 네 삽화는 작품의 말미에 이르러 하나의 유기체적 구조로 통합된다.

탐색담에서 탐색의 지향 욕망은 그 작품의 의미와 밀접히 관련된다. 《적성의전》에서 주인공이 탐색을 떠나는 근원적 지향 욕망은 유능한 왕자로서의 영웅적 능력을 기존 세력으로부터 인정받고자 함에 있다. 이를테면 이 작품은 도덕적 선과 함께 영웅적 능력을 겸비한 주인공이 악인에게 돌아간 세자의 소임을 되찾기 위해 위험으로 가득 찬 이계(異界) 탐색을 통해 자기 존재의 비범성을 증명함으로써 기존 사회에 영예롭게 편입되는 과정을 그린다고 하겠다.

위에서 본 바와 같은 지향 욕망의 성취와 성공적 탐색 여행에 대한 보상은 작품 자체의 구조를 넘어 당대 현실과도 그 나름의 관련성을 지닌다. 즉, 관습적 규범에 따라 적장자에게 자동으로 세습되는 제도는 불합리하며, 도덕적 선과 능력적 우월성을 지닌 아들에게 왕위가 계승되어야 한다는 현실 인식이 반영된 것이라는 적극적 의미로의 해석이 가능하다는 것이다.

《적성의전》에서는 주인공인 성의가 모후의 병을 고치기 위해 일영주를 찾아 서천 서역국으로 가는 과정에서 겪는 사건들이 환상적인 미지의 세계에 대한 탐색 체험으로 서술됨으로써 독자들의 흥미를 자극하고 있다. 기이하게 생긴 동물, 사자 등을 타거나 파초 잎을 탄 선관 등을 내세움으로써 탐색 공간의 신성성은 물론 인물의 영력 획득을 통한 목표 성취를 자연스레 유도해 내는 모습을 보인다. 이에 더해 미지의 세계, 혹은 상상의 시공(時空)이라는 탐색 공간에서 현세로 귀환하는 과정에서 설정된 중국이라는 역사적 현실 공간은 바로 환상계의 신성성과 현실계의 비속성을 조화시키는 성속공유(聖俗共有)의 공간임과 동시에, 복고지향적 사대적 역사의식의 한계 또한 아울러 보여 주는 장치라 하겠다.

채란 공주와의 결연 과정은 단저 솜씨와 기러기의 소

식 전달이라는 매개를 통해 또 다른 흥미를 자아내고 있다. 성의는 형의 횡포에 의해 실명한 채 표류하다가 무인도에 표착해 생명을 건진 후에 단저를 만들어 불게 되는데, 이를 계기로 중국 사신인 호 승상에게 구출되어 천자의 후원에 머물게까지 된다. 이런 과정에서 성의의 존재가 단저를 매개로 공주에게 알려지니, 그는 공주와 더불어 시율을 화답하며 지내다가, 기러기 발에 매달린 모후의 편지를 읽어 주는 공주의 소리를 듣고 감격으로 눈을 뜨게 되고 마침내 공주와 결연한다.

기러기의 매개에 의한 모후 소식의 수신은 성의의 눈을 뜨게 하는 계기도 되지만 이는 더 나아가 공주와의 결연을 성사시키는 일에도 결정적인 역할을 한다. 천자는 성의가 이방인이기 때문에 부마 선정을 망설이기도 하는데, 이때 기러기가 나타나 공주 앞에 앉음으로써 천자는 부마 간택을 결심하게 된다. 그뿐만 아니라 기러기는 작품 후반부의 군담 대목인 결전 현장에 직접 나타나서 싸움을 승리로 이끄는 데 결정적인 도움을 줄 정도로 그 현실적 역할을 증대시키고 있다. 이 같은 매개적 요소들은 바로 조선 후기 국문소설의 관습적 기반이자 흥미 유발을 위한 요소의 적극적 활용을 보여 주는 좋은 사례라 하겠다.

마무리

《적성의전》은 일영주라는 약을 찾는 탐색의 여정에서 탐색 대상인 약 그 자체보다는 오히려 탐색 과정에서 겪게 되는 다양한 이계 체험들이 독자의 호기심을 자극함으로써 지속적인 흥미를 유발하고 있다. 이에다 중국 공주와의 결연이라는 삽화가 중첩됨으로써 현실에서 이룰 수 없는 가상의 체험을 누리도록 이끈다. 이와 같은 일련의 흥미 요소들은 바로 조선 후기 국문소설의 적극적 독자 유인책이 아니었을까 생각한다.

더불어 《적성의전》에는 이러한 환상적인 이야기만이 존재하는 것이 아니다. 환상적인 결구 이면에는 현실 세계에서 발생할 수 있는 형제간의 왕위 다툼이라는 심각한 갈등의 요소도 내재되어 있다. 형제갈등 삽화는 작품에서 선악의 이원적 대립으로 펼쳐지는데, 이것이 작품 전체에 일관되면서 지속적으로 전개되지는 못하고 서두와 결말 부분에서만 심각하게 나타나고 있다. 작품의 서두에서 안평국 국왕이 불량 패악한 장자인 항의를 배제하고 착하고 어진 차자인 성의를 지나치게 편애해 그에게 왕위를 승계시키려 하나 조정 신하들의 반대 때문에 마지못해 항의를 세자로 책봉하게 된다. 이런 우여곡절 끝에 세자로 책봉된 항의인지라 그는 동생을 시기 질투하며 해칠 생각을 품게 된다. 더구나 모친의 병환을 치유할 수 있는 영약인 일영주를 구하기 위해 동생 성의가 미지의 길을 나서게 되자, 구약 여행의 성공 가능성을 불안히 여기던 항의의 나쁜 결심은 굳어진다. 동생이 일영주마저 구해 온다면 자신의 왕위 계승이 위태로울 수 있다고 생각한 그는 중도에 성의를 마중 가는 것처럼 흉계를 꾸며, 해상에서 성의가 구해 오는 약을 빼앗고 성의의 눈을 찔러 멀게 하고는 바다에 표류하게 밀쳐 버린다.

이러한 형제간의 갈등은 작품의 후반부에 이르자 더욱 심화되는 모습이다. 바다에 표류하다 죽을 수밖에 없으리라 생각했던 동생이 살아서, 그것도 귀한 몸으로 되돌아온다는 사실을 알게 된 항의는 심복인 적부리 일당을 내세워 동생을 죽이도록 지시한다. 귀국의 여정인 바닷가에서 벌어지는 군담 대목은 바로 이의 구체적 표현이다. 군담의 내용은 이본마다 조금씩 다르게 전개되지만, 완판 74장본의 경우에 이 군담은 형제간의 갈등이 최고조에 이르는 대목이다. 이 싸움에서는 공주가 직접 전투를 수행하는 맹활약을 보이는가 하면, 팽팽하던 싸움에서 공주가 밀리는 지경에 이르자 마침내 기러기가 날개에 모래를 묻혀 와 적부리 일당의 눈을 못 뜨게 하는 등의 방식으로 가세해 공주를 도움으로써 적부리 일당은 패배하고, 항의 또한 자신의 휘하에 있던 의로운 신하의 칼에 맞아 종말을 고하게 된다.

왕위 계승을 두고 벌어지는 형제간의 갈등은 조선 시대 정치 현실에서 가끔 벌어지곤 했던 일이다. 이와 같은 현실적 개연성을 작품 속에 담음으로써 《적성의전》은 환상 공간이라는 배경 설정에도 불구하고 그 나름의 사실성 확보 가능성을 내비치기도 한다. 그러나 이 같은 적극적 해석 의지에도 불구하고 《적성의전》에서 형제간의 갈등은 작품 전체를 일관하는 지속적 플롯으로 전개되지는 못하고 선악 대립으로 양분화되는 관념성에 지배됨으로써 그 현실적 심각성을 내면에 잠재하는 모습으로 그려 내고 있는 듯하다.

참고문헌

안자산, 《조선문학사》, 한일서점, 1922.

한용운, 〈譯經의 急務〉, 《불교유신》 4, 1937: 《한용운전집 2》, 신구문화사, 1974.

김태준, 《증보 조선소설사》, 학예사, 1939.

양재연, 〈'김태자전' 평설〉, 《국어국문학》 25, 1962.

인권환, 〈'젹셩의젼' 근원설화 연구〉, 《인문논집》 8,1967.

신동익, 〈'젹셩의젼'에 관한 한 고찰〉, 《국어국문학》 75, 1977.

양한석, 〈'젹셩의젼'에 나타난 탐색주지〉, 충남대학교 석사 학위 논문, 1981.

조춘호, 〈'젹셩의젼' 연구〉, 《국어교육연구》 15, 1983.

남상면, 〈'젹셩의젼' 연구〉, 한양대학교 석사 학위 논문, 1985.

장효현, 《서유영 문학의 연구》, 아세아문화사, 1988.

류탁일, 《한국문헌학 연구》, 아세아문화사, 1989.

최정락, 〈젹셩의젼〉, 《한국고전소설작품론》, 집문당, 1990.

이강옥, 〈육미당기〉, 《한국고전소설작품론》, 집문당, 1990.

최호석, 〈'석가여래십지수행기'의 소설사적 전개－'선우태자'·'적성의전'·'육미당기'를 중심으로〉, 고려대학교 석사 학위 논문, 1993.

이창헌, 〈경판방각소설 판본 연구〉, 서울대학교 박사 학위 논문, 1995.
이헌홍 역주, 〈조웅전/적성의전〉, 《한국고전문학전집23》, 고려대학교 민족문화연구소, 1996.
김진영 · 홍태한 편저, 《서사무가 바리공주 전집》, 민속원, 1997.
조희웅, 《고전소설 이본 목록》, 집문당, 1999.
조희웅, 《고전소설 연구보정 하》, 박이정, 2006.
장인숙, 〈'적성의전'의 갈등 양상과 그 의미〉, 부산대학교 석사 학위 논문, 2009.
박성호, 〈'적성의전'에 나타난 청각적인 소재의 역할과 의미〉, 《동방학》 23, 2012.
정충권, 〈형제갈등형 고전소설의 갈등 전개양상과 그 지향점〉, 《문학치료연구》 34, 2015.
이경희, 〈필사본 '적성의전' 이본 연구〉, 《한민족어문학》 75, 2017.
이승은, 〈고전소설 속 바다 형상과 근대적 변모〉, 《고전과 해석》 27, 2019.
김석출 구연, 이경하 역주, 《바리데기》, 돌베개, 2019.

옮긴이에 대해

이헌홍(李憲洪)은 1948년 경남 밀양에서 출생했다. 부산대학교 문리과대학 국어국문학과를 졸업하고 같은 대학교 대학원에서 문학박사 학위를 취득했다. 1982년부터 2013년까지 부산대학교 인문대학 국어국문학과 교수를 역임했으며, 지금은 명예교수다. 재직 중에 부산대학교의 한국민족문화연구소장과 국제교류교육원장을 겸임한 바 있다. 이와 함께 타이완의 국립정치대학 한국어문화학과 초빙교수를 역임하고, 한국문학회 회장을 맡는가 하면, 제59회(2009) 부산광역시 문화상(인문과학 부문)을 받은 바도 있다.

저서로는《고전소설 연구입문》(1996),《한국 송사소설 연구》(1997),《동북아시아 한민족 서사문학 연구》(2005),《고전소설 학습과 연구》(2011),《중국조선족 이야기꾼 김태락의 구연설화》(2012),《재일한인의 생활사 이야기와 문학》(2014),《중국조선족 이야기꾼의 구연설화》(2023) 등이 있다. 이밖에도 몇몇 공저와 역서, 그리고 다수의 논문이 있다.

적성의전,
안평국 눈먼 왕자 검은 바다를 건너다

작자 미상
옮긴이 이헌홍
펴낸이 박영률

초판 1쇄 펴낸날 2026년 2월 6일

커뮤니케이션북스(주)
출판등록 제313-2007-000166호(2007년 8월 17일)
02880 서울시 성북구 성북로 5-11
전화 (02) 7474 001, 팩스 (02) 736 5047
commbooks@commbooks.com
www.commbooks.com

지만지한국문학은
커뮤니케이션북스(주)의 한국 문학 출판 브랜드입니다.

ISBN 979-11-430-1695-9 03810

책값은 뒤표지에 있습니다.